Grundkurs Philosophie
Philosophie der Religion

GRUNDKURS PHILOSOPHIE

Band 9

Philosophie der Religion

Wolfgang Detel

Reclam

RECLAMS UNIVERSAL-BIBLIOTHEK Nr. 14413
2023 Philipp Reclam jun. Verlag GmbH,
Siemensstraße 32, 71254 Ditzingen
Gestaltung: Cornelia Feyll, Friedrich Forssman
Druck und Bindung: Esser printSolutions GmbH,
Untere Sonnenstraße 5, 84030 Ergolding
Printed in Germany 2024
RECLAM, UNIVERSAL-BIBLIOTHEK und
RECLAMS UNIVERSAL-BIBLIOTHEK sind eingetragene Marken der Philipp Reclam jun. GmbH & Co. KG, Stuttgart
ISBN 978-3-15-014413-8

www.reclam.de

Inhalt

Einleitung

Glaubst Du an Gott? Diese Frage wird häufig gestellt. Würde sie im Zusammenhang mit einem Multiple-Choice-Verfahren auftauchen, so könnte man wahrscheinlich »ja« oder »nein« oder »weiß nicht« ankreuzen.

Tatsächlich stehen hinter diesen kurzen Antworten die drei wichtigsten theologischen Theorien, die diese Frage nicht nur beantworten, sondern auch begründen wollen: der Theismus, der Atheismus und der religiöse Agnostizismus.

Doch wer sich die Mühe macht, das vorliegende Buch durchzulesen, wird am Ende wissen, dass die einfache Frage nach Gott ohne nähere Qualifikationen wenig Sinn macht und nicht seriös beantwortet werden kann. Welche der vielen, heiß diskutierten Gottesbegriffe sollen wir unserer Frage nach Gott zugrunde legen? Und wie könnten wir unsere Wahl begründen? Denn erst dann, wenn wir unsere Wahl eines Gottesbegriffs begründet und tatsächlich auch getroffen haben, befinden wir uns in der Position, ernsthaft den Versuch zu unternehmen, die Frage nach der Existenz Gottes zu beantworten. Doch dieser Versuch muss den zahlreichen Denkern Respekt zollen, die seit der klassischen Antike bereits sehr viele interessante und durchdachte Antworten vorgeschlagen haben, und zwar in allen drei Lagern, also den Theisten, Atheisten und religiösen Agnostizisten.

Am Ende müssen wir alle, jeder und jede Einzelne von uns, die sich für theologische Fragen interessieren, aber selbst entscheiden, welche der vielen und zum Teil sehr unterschiedlichen Argumente uns am meisten überzeugen. Mit dieser Thematik beschäftigt sich dieser neunte Band eines Grundkurses Philosophie, der in die Grundlagen der wichtigsten philosophischen Teildisziplinen einführt.

Der Band bleibt der Anlage und den Zielen der bisherigen acht Bände treu. Die Darstellung ist überwiegend systematisch und bemüht sich um eine möglichst knappe und verständliche Form. Nummerierte Beschreibungen fassen die wichtigsten Begriffe und Thesen zusammen. Einige Übungsaufgaben sollen das Lernen der wichtigsten Inhalte unterstützen. Das knapp gehaltene Literaturverzeichnis verweist auf weiterführende Literatur.

Im Gegensatz zu den meisten der bisherigen Bände wird im vorliegenden Grundkurs-Band zum Teil auch auf historische Positionen, jedoch stets in systematischer Absicht, Bezug genommen. Denn einige der systematischen Lösungsvorschläge im Rahmen der rationalen Theologie, die auch heute noch erwägenswert sind, sind am prägnantesten von Autoren früherer Jahrhunderte ausgearbeitet worden.

Der Titel dieses Buches – *Philosophie der Religion* – ist im Rahmen gegenwärtiger theologischer und philosophischer Debatten zweideutig: Religionen sind ein verbreitetes und vielfältiges Feld. Dementsprechend gibt es eine Philosophie der Religion im weiten Sinn (9.1), die sich möglichst vielen Aspekten der Religion (unter anderem auch der sozialen, moralischen und praktischen Dimension der Religionen) widmet. Philosophie der Religion im engen Sinn konzentriert sich demgegenüber auf die Artikulation, Begründung und kritische Prüfung religiöser Thesen. Dieses Unternehmen wird *rationale Theologie* genannt (9.4).

Das Interesse an Religionsphilosophie ist in letzter Zeit gewachsen. Insbesondere erschienen zahlreiche neuere Einführungen in die Religionsphilosophie. Viele dieser Einführungen umreißen Auffassungen einflussreicher Philosophen zu theologischen Fragen im Rahmen der Geschichte der Philosophie. Dabei werden zum Teil auch moderne religionsphilosophische Diskurse thematisiert, allerdings oft in komprimierter Form. Andere Einführungen bemühen sich um die Begriffe »Religion« und »Religiosität«, um die Unterscheidung zwischen wissenschaftlichen Theorien oder Meinungen und religiösem Glauben sowie im allgemeinsten Sinn um religiöse Kulturen.

Diese Einführungen widmen sich also der Philosophie der Religion im weiten Sinn und liefern in diesem Rahmen meist interessante und wichtige Informationen zu historischen und kulturellen Aspekten. Im Gegensatz zu allen bisherigen Einführungen in die Religionsphilosophie konzentriert sich der vorliegende Grundkurs-Band 9 jedoch ausschließlich auf die rationale Theologie, also auf die Philosophie der Religion im engen Sinn.

Daher ist die Unterscheidung zwischen einer Philosophie der Religion im weiten und im engen Sinn für die Konzeption des vorliegenden Buches von grundlegender Bedeutung und wird in den folgenden beiden Abschnitten genauer erläutert.

Philosophie der Religion im weiten Sinn

Die Philosophie der Religion im weiten Sinn ist, wie bereits bemerkt, thematisch breit aufgestellt:

9.1 *Philosophie der Religion im weiten Sinn*

Philosophie der Religion im weiten Sinn behandelt unter anderem

(i) religiöse Überzeugungen aller Art,
(ii) religiöse Praktiken und Traditionen,
(iii) religiöse Lebensentwürfe,
(iv) Ursachen der Entwicklung und Verbreitung von Religionen,
(v) evolutionäre Vorteile von Religionen für menschliche Gemeinschaften,

(vi) soziale Aspekte von Religionen,
(vii) Beziehungen zwischen Religion und Politik,
(viii) Beziehungen zwischen Religion und Moral,
(ix) religiöse Glaubensgewissheit und wissenschaftliche Erkenntnis,
(x) Wert und Relevanz religiöser Überzeugungen für einzelne Menschen,
(xi) die Geschichte der Religionen sowie
(xii) die Beziehungen der Theologie zu anderen Wissenschaften.

Die meisten dieser Themen und Probleme kann die Philosophie nicht allein aufgrund eigener Kompetenz behandeln (und zwar (ii)–(viii), (x)–(xi)). Aufgrund von (i) behandelt die Philosophie der Religion im weiten Sinn auch Themen, die sich mit der institutionell von der Philosophie getrennten Theologie überschneiden. Theologie geht von einem festen religiösen Glauben aus und kann daher »glaubensorientiert« genannt werden. Sie wird in religiösen oder kirchlichen Institutionen, aber auch an Schulen und Universitäten gelehrt.

9.2 *Glaubensorientierte Theologie*

(1) Die glaubensorientierte Theologie, wie sie seit längerem in Schulen, Universitäten und religiösen Institutionen gelehrt wird, setzt einen Glauben an eine Art von Gott voraus, dessen Existenz und Eigenschaften nicht angezweifelt werden.
(2) Die drei abrahamitischen Religionen der Juden, Christen und Moslems gehen etwa von einem All-Gott aus, der eine Person ist, die mit Menschen kommuniziert, sich ferner um die Menschen sorgt und allmächtig, allwissend und allgütig ist.

(3) Die glaubensorientierte Theologie hat die Aufgabe, den vorausgesetzten Glauben an einen Gott (siehe (1)) zu unterstützen und zu bestärken.
(4) Die in (3) genannte Aufgabe kann auch die Form rationaler Argumente annehmen.

Die glaubensorientierte Theologie beruft sich auch auf Offenbarungsschriften, vertritt eine Lehre vom Leben nach dem Tod, spekuliert nicht selten über Gottes Wünsche und betrachtet ihre zentralen Doktrinen als letztlich unerschütterliche Dogmen.

Eine radikale Version der glaubensorientierten Theologie ist der Fideismus, der die in 9.2 (3)–(4) genannte Aufgabe zurückweist und damit eine strikte Trennung zwischen religiösem Glauben und rationaler, empirisch gestützter Argumentation vertritt:

9.3 *Fideismus*

Fideismus ist die theologische Lehre, die behauptet,

(1) dass Vernunft und Rationalität für die Ausübung religiöser Praktiken sowie für die Sicherung und Festigung des religiösen Glaubens unnötig, ja sogar hinderlich sind, und
(2) dass religiöse Überzeugungen wegen (1) dem wissenschaftlichen und rationalen Diskurs entzogen werden müssen.

Unter den Philosophen haben etwa Blaise Pascal (1623–1662), Søren Kirkegaard (1813–1855), William James (1842–1910) und Ludwig Wittgenstein (1889–1951) den Fideismus verteidigt. Einige Interpreten zählen auch Immanuel Kant (1724–1804) zu den Fideisten, weil er glaubte, nachweisen zu können, dass wir Menschen aufgrund unserer kognitiven Ausstattung nicht in der Lage sind, gesichertes Wissen über Gott und seine Eigenschaften zu erlangen. Doch steht seine Position eher dem religiösen Agnostizismus nahe (siehe unten 2.1, letzter Abschnitt, und 2.2, Abschnitte 1–3).

Philosophie der Religion im engen Sinn und rationale Theologie

Im Gegensatz zur Philosophie der Religion im weiten Sinn (9.1) konzentriert sich die Philosophie der Religion im engen Sinn auf die kritische Diskussion religiöser Meinungen:

9.4 *Rationale Theologie und Philosophie der Religion*

(1) Die rationale Theologie (auch *natürliche Theologie* [*natural theology*] genannt) lässt sich durch fünf Prinzipien kennzeichnen:

(P1) Rationalismus: Religiöse Thesen müssen als begründungspflichtig verstanden werden. Die Berufung auf Autoritäten oder sogenannte Offenbarungsschriften zählt nicht als Begründung, es sei denn, diese Personen oder Autoritäten haben sich ihrerseits der Begründungspflicht gestellt. Die Begründung religiöser Thesen muss dieselbe Art von logischer Rationalität aufweisen wie eine Begründung in den anderen modernen Wissenschaften.

(P2) Wissenschaftskompatibilismus: Religiöse und theologische Annahmen sollten den jeweils besten wissenschaftlichen Theorien nicht widersprechen.

(P3) Erkenntnistheoretischer Minimalismus: Religiöse

Annahmen sollten die Grenzen der menschlichen Erkenntnismöglichkeiten nicht überschreiten. Diese Grenzen sind im Falle von Aussagen über die Welt und ihre Teile unter anderem durch Logik und empirische Erfahrungen bestimmt.

(P4) Anti-Dogmatismus: Religiöse und theologische Annahmen stehen ebenso wie wissenschaftliche Theorien grundsätzlich unter einem fallibilistischen Vorbehalt: Auch wenn sie zu irgendeinem Zeitpunkt gut begründet zu sein scheinen, kann nie ausgeschlossen werden, dass sie sich doch noch als falsch erweisen.

(P5) Terminologische Klarheit: Die religionstheoretische Sprache sollte so klar, explizit und transparent wie möglich sein. Vage Analogien oder Metaphern reichen nicht aus.

(2) Die Philosophie der Religion im engen Sinn konzentriert sich ausschließlich auf rationale Theologie. Die Philosophie der Religion kann nur in Gestalt einer rationalen Theologie als philosophische Disziplin verstanden und in einen Grundkurs Philosophie aufgenommen werden.

Aus 9.4 (2) folgt insbesondere, dass glaubensorientierte Theologie und Fideismus mit der rationalen Theologie unvereinbar sind und daher in diesem Grundkurs nicht zu behandeln sind.

Aus der Konzeption 9.4 der rationalen Theologie folgt, dass ihre Diskussionen, anders als in der glaubensorientierten Theologie, uneingeschränkt ergebnisoffen sind. Daraus wiederum folgt, dass die rationale Theologie

- einerseits den *Theismus* zu prüfen hat, der behauptet, dass es mindestens einen Gott gibt, und zwar nicht nur Varian-

ten des Theismus, die wie zum Beispiel die abrahamitischen Weltreligionen (9.2 (2)) von einem persönlichen Schöpfergott ausgehen, sondern auch Konzeptionen von Göttern, die keine Personen sind oder keinen Geist haben, und
- andererseits auch den *Atheismus*, der davon ausgeht, dass es keine Götter gibt, sowie auch den *religiösen Agnostizismus*, der behauptet, dass wir nicht wissen können, ob es Götter gibt oder nicht, zu behandeln hat.

Rationale Theologie und erkenntnistheoretischer Minimalismus

Der erkenntnistheoretische Minimalismus (P3) besagt nicht, dass wir alle Dinge und Prozesse in Begriffen unserer empirischen Erfahrungen zu beschreiben haben. Viele anerkannte Wissenschaften postulieren Dinge und Prozesse, die wir nicht empirisch erfahren können. Wir können verfolgen, wie Steine, die wir hochgehoben haben, zu Boden fallen, wenn wir sie loslassen. Doch die Gravitation, als physikalische Kraft gefasst, sehen wir nicht. Sie wird als Postulat zur Erklärung dessen herangezogen, was wir sehen. In der modernen Physik wird die sogenannte Gravitationskraft letztlich auf die Raumkrümmung zurückgeführt, die (im physikalischen Sinn) durch das Auftreten von Massen verursacht wird. Die Raumkrümmung können wir ebenso wenig wahrnehmen, doch hat ihre Annahme Erklärungskraft und ist in empirisch gut begründete Theorien eingebettet. Dasselbe verlangt die rationale Theologie mit (P3) auch von einer Hypothese über die Existenz und Eigenschaften Gottes. Auch der Hinweis auf die Logik in (P3) sollte nicht zu restriktiv aufgefasst werden, denn er impliziert auch die formale Wahrscheinlichkeitstheorie.

Die rationale Theologie arbeitet also mit denselben Grundlagen und Methoden wie andere Wissenschaften auch. Fideisten und glaubensorientierte Theologen machen demgegenüber abweichend vom erkenntnistheoretischen Minimalismus (P3) oft geltend, dass Theologie nur apriorisches Wissen erlangen kann und von empirischen Befunden unabhängig ist, weil Gott ein übermächtiges und übernatürliches Wesen ist, das sich einem empirischen Zugriff entzieht. Eine der Prämissen für diese Einschätzung (die auch von vielen philosophischen Positionen geteilt wird, beispielsweise von der analytischen Philosophie) ist die Annahme, dass sich apriorisches (also rein begriffliches) Wissen von empirischem Wissen klar unterscheiden lässt.

In der wirkungsmächtigen analytischen Philosophie wurde diese Unterscheidung in Begriffen einer Differenzierung zwischen analytischen und synthetischen Sätzen (bzw. Gedanken) pointiert artikuliert. Analytische Sätze sind wahr oder falsch lediglich aufgrund der Bedeutung der in ihnen vorkommenden Wörter, das heißt: aufgrund ihrer semantischen Gehalte und vermöge eines Blicks in unseren Geist; synthetische Sätze sind dagegen wahr oder falsch aufgrund ihrer empirischen Bestätigung oder Widerlegung und vermöge eines Blicks hinaus auf die externe Welt.

Diese Prämisse ist jedoch in der post-analytischen Philosophie der letzten fünf Jahrzehnte unter erheblichen Druck geraten. Einer der einflussreichsten Vertreter der analytischen Philosophie, Willard van Orman Quine (1908–2000), hat bereits im Jahre 1953 vernichtende Argumente gegen die Unterscheidung zwischen analytischen und synthetischen Sätzen vorgebracht. Diese Vorbehalte wurden von so bedeutenden Philosophen wie Hilary Putnam (1926–2016) und Donald Davidson (1917–2003) (Schüler von Quine), aber auch von Wilfrid Sellars (1912–1989) und John McDowell (geb. 1942) entschieden verstärkt und kulminierten in der Position des semantischen Externalismus.

Diese Position geht davon aus, dass semantische Gehalte von Gedanken nicht rein privat und subjektiv sind, sondern sich aufgrund von zwei Faktoren formieren:

(i) durch den Bezug auf Fakten in der Welt, von denen unsere Gedanken meist hervorgerufen werden, und
(ii) durch gegenseitige Interpretationsversuche und andere soziale Aktivitäten, in denen andere Wesen als geistige Wesen wie der Interpret selbst angesehen und repräsentationale Perspektiven auf die Welt aneinander angeglichen werden.

Semantische Externalisten gehen von einer Unterscheidung zwischen engen und weiten semantischen Gehalten aus. Nehmen wir an, zwei Menschen haben eine Narbe, die zufälligerweise dieselben physischen und biologischen Eigenschaften E aufweisen, bis auf die Tatsache, dass die eine Narbe letztlich durch einen Insektenbiss IB und die andere Narbe dadurch, dass jemand sich an der scharfen Kante KD einer Dose geschnitten hat, verursacht worden ist. In diesem Fall hätten beide Narben denselben engen semantischen Gehalt »E«, die eine Narbe aber den weiten semantischen Gehalt »E und verursacht durch IB«, die andere Narbe dagegen den weiten semantischen Gehalt »E und verursacht durch Schnitt an KD«. Der semantische Externalismus behauptet üblicherweise, dass die meisten Repräsentationen weite semantische Gehalte aufweisen, die angeben, unter welchen externen Umständen die semantischen Gehalte formiert worden sind. Und das würde bedeuten, dass semantische Gehalte, oder genauer: Gedanken und Äußerungen, mit semantischen Gehalten (»Repräsentationen«), nicht rein mental, privat oder subjektiv sind, sondern auch auf externe, oft empirische Bedingungen zurückgehen. Was bleibt dann noch vom Subjekt und vom Subjektiven? Zum einen bleiben Gedanken subjektiv in dem schwachen Sinne, dass wir im Allgemeinen wissen können, welche Gedanken in uns auftreten. Und dieses Wissen bedarf keiner weiteren Belege, sondern wird auf introspektive und infallible Weise gewonnen. Zum anderen bleibt die Erlebnisqualität von Gefühlen subjektiv in dem Sinne, dass sie jeweils nur von einem bestimmten Subjekt erfahren werden kann und weitgehend erklärt, warum es uns in unserem Leben überhaupt um etwas gehen kann. Der semantische Externalismus und der moderne Begriff des Geistes erschüttern, wie sich herausstellt, einige Varianten der rationalen Theologie, zum Beispiel die rationale Theologie von Georg Wilhelm Friedrich Hegel (1770–1831). Vor allem aber widerlegt der semantische Externalismus die Konzeption einer apriorischen Theologie.

Die Tradition der rationalen Theologie

Philosophie der Religion im weiten Sinn wird erst seit kurzer Zeit betrieben. Glaubensorientierte Theologie ist dagegen ein Phänomen, das in der einen oder anderen Form in allen bekannten Kulturen und Gemeinschaften begegnet. Doch auch die rationale Theologie kann auf eine lange Tradition zurückblicken und hat in Europa bereits in der klassischen Antike ihren Eingang in die Philosophie gefunden.

Platon (428–348 v. Chr.) formulierte das Programm der rationalen Theologie um 350 v. Chr. erstmals im 10. Buch seiner letzten großen Schrift über die Gesetze des Stadtstaates (*Nomoi*) ausdrücklich und führte dieses Programm auch aus.

Schaut man auf die Geschichte der rationalen Theorie, so wurden überwiegend Positionen des Theismus, zuweilen aber auch ein religiöser Agnostizismus vertreten (9.5 (3)). So vertritt Aristoteles (384–322 v. Chr.) eine überaus rigorose Variante der rationalen Theologie. Die Theologie, also die Lehre von Gott, ist für ihn ein genuiner Teil der Metaphysik und muss daher im technischen Vokabular der allgemeinen essentialistischen Metaphysik beschrieben werden. In den Büchern XII–XIV seiner *Metaphysik* erörtert und beweist Aristoteles, dass es eine ewige und immaterielle göttliche Substanz geben muss, die selbst unbeweglich und zugleich letzte Ursache aller Bewegungen ist. Und in seiner *Physik* Buch VIII, Kap. 10, leitet Aristoteles die zentralen Eigenschaften dieses göttlichen unbewegten Bewegers aus Grundsätzen seiner Physik ab.

In seiner Schrift *De natura Deorum* (*Über die Natur der Götter*) beschreibt der Redner und Philosoph Cicero (106–43 v. Chr.) demgegenüber ein mehrtägiges Zusammentreffen von drei Philosophen, die verschiedenen philosophischen Schulen angehören und daher verschiedene theologische Auffassungen vertreten. Sie nehmen sich vor, endlich zu einer einheitlichen Meinung über die Götter zu gelangen, und diskutieren diese Angelegenheit mit Nachdruck und in allen Details – um am Ende zu resignieren und zu konstatieren, dass sich die Natur der Götter allem Anschein nach mit Hilfe des menschlichen Erkenntnisvermögens nicht klären lässt. In dieser Schrift wird also nicht nur behauptet, sondern auch zu begründen versucht, dass wir Gott oder die Götter nicht erkennen können. Es handelt sich hier demnach um ein prominentes frühes Beispiel des religiösen Agnostizismus. Der Atheismus ist dagegen als explizit formulierte und begründete Position erst im Europa des 16. Jahrhunderts entstanden.

Aristoteles hat unter anderem Thomas von Aquin (1225–1274) und die Deisten des 17. Jahrhunderts (Vertreter der sogenannten natürlichen Religion) beeinflusst, Cicero dagegen hat David Hume (1711–1776) zu seinen *Dialogues on Natural Reli-*

gion (*Dialoge über natürliche Religion*) angeregt, die von vielen Gelehrten als eine der besten Schriften zur rationalen Theologie angesehen werden, die je verfasst worden sind.

9.5 *Rationale Theologie von der Antike bis zur Gegenwart*

(1) In der Antike waren etwa Platon, Aristoteles, Cicero und der Neuplatoniker Plotin (204/5–270), im Hochmittelalter Albert der Große (ca. 1200–1280) und Thomas von Aquin, in der frühen Neuzeit die Deisten (9.22), später David Hume, Immanuel Kant (9.40.1) und Hegel (9.61) Vertreter der rationalen Theologie.

(2) Die Rehabilitation der Metaphysik und die Entwicklung der postanalytischen Philosophie im 20. Jahrhundert haben den Spielraum für eine rationale Theologie erweitert, die auf hohem Niveau operiert.

(3) Die moderne rationale Theologie beschäftigt sich nicht nur mit dem Theismus (der Überzeugung, dass es einen Gott gibt), sondern auch mit dem Atheismus (der Überzeugung, dass es keinen Gott gibt) und dem religiösen Agnostizismus (der Überzeugung, dass wir nicht wissen können, ob es einen Gott gibt oder nicht).

Die rationale Theologie blickt nicht nur auf eine lange Tradition zurück, sondern wird auch gegenwärtig intensiv betrieben. Dabei spielen weitere philosophische Teildisziplinen in die rationale Theologie hinein, wie etwa Erkenntnistheorie und Philosophie des Geistes.

Die Verborgenheit der rationalen Theologie

Rationale Theologie wird trotz ihrer einflussreichen historischen Tradition und des beachtenswerten theoretischen Niveaus ihrer gegenwärtigen Debatten allenfalls von Spezialisten wahrgenommen. In der Öffentlichkeit ist sie weitgehend unbekannt. Das ist kein Zufall, denn es gibt einflussreiche theologische Positionen, die zu einer Ausklammerung der rationalen Theologie geführt haben. Zwei der wichtigsten dieser Positionen sollen in diesem Abschnitt kritisch dargestellt werden.

Zuvörderst ist in diesem Kontext die radikale Unterdrückung der gesamten Tradition der rationalen Theologie durch die offiziellen führenden Vertreter der abrahamitischen Religionen zu nennen. In seiner Enzyklika *Fides et Ratio* ([»Christlicher] Glaube und Rationalität«) von 1998 beschwört Papst Johannes Paul II. (1920–2005) eine enge Kooperation von Theologie und moderner rationaler Philosophie und kritisiert den Fideismus. Ähnlich fordert Papst Benedikt XVI. (1927–2022), der sogenannte Gelehrte auf dem Papst-Thron, in seiner berühmten Regensburger Rede aus dem Jahre 2006 die Rehabilitierung der Theologie als wissenschaftlicher Disziplin. Beide Autoren erinnern daran, dass es in der klassischen Antike und im christlichen Mittelalter bereits eine enge Synthese von Theologie, Philosophie und Wissenschaft gegeben habe. In diesem Kontext wäre es naheliegend gewesen, explizit an die rationale Theologie anzuknüpfen. Doch beide Päpste erwähnen das Programm und die Geschichte der rationalen Theologie mit keinem Wort.

Neuere offizielle Schriften zur Ausrichtung der Theologie im Rahmen der führenden Religionen lassen die Gründe für dieses historische Versäumnis deutlich werden. So beruht die katholische Lehre etwa nach Auskunft der Schrift *Theologie heute: Perspektiven, Prinzipien und Kriterien*, die 2011 von der offiziellen katholischen theologischen Kommission veröffentlicht wurde, auf dem Hören des Wortes Gottes, das in den christlichen Offenbarungsschriften (Altes und Neues Testament) festgehalten wird. Die katholische Theologie wird als wissenschaftliche Reflexion der göttlichen Offenbarung bezeichnet, die sie als universelle Wahrheit voraussetzen darf. Daher ist ihre erste Pflicht die angemessene Textauslegung bzw. Exegese und Interpretation der Testamente, die den Kriterien der Geschichtswissenschaft entsprechen kann und soll. Theologie ist primär Verstehen des Glaubens. Sie soll die christliche Offenbarung in einen rationalen wissenschaftlichen Diskurs übersetzen und dadurch offenbar die Akzeptanz des Glaubens erhöhen. Dabei wird unterstellt, dass sich die religiösen und wissenschaftlichen Wahrheiten letztlich nicht widersprechen können, weil sie beide in Gottes Vernunft gründen. Der gegenwärtige christliche Katholizismus gibt sich in dieser Schrift und vielen weiteren Dokumenten als glaubensorientierte Theologie (9.2) zu erkennen und ist daher mit dem Programm der rationalen Theologie unvereinbar.

Im Rahmen des christlichen Katholizismus und der islamischen Theologie werden zwar Gottesbeweise und andere rationale Mittel eingesetzt, dies jedoch nicht, um ernsthaft und ergebnisoffen zu prüfen, ob es Gott überhaupt gibt und welche Eigenschaften ihm zukommen (wie es in der rationalen Theologie üblich wäre), sondern um den feststehenden und unbezweifelbaren religiösen Glauben, dass es Gott gibt, zusätzlich zu stützen. Der Glaube an den christlichen oder islamischen Gott sowie die Wahrheit der Offenbarungsschriften (Bibel und Koran) werden dabei immer schon vorausgesetzt und daher gegenüber einem begründeten Zweifel oder einem atheistischen Standpunkt immunisiert.

Eine weitere religionstheoretische Position, die der Thematisierung der rationalen Theologie im Kontext der modernen Philosophie entgegensteht, kommt aus der Philosophie selbst. Es handelt sich um die weithin rezipierte zweibändige *Auch eine Geschichte der Philosophie* von Jürgen Habermas (geb. 1929). Habermas entwickelt seine Geschichte der Philosophie im Blick auf den Diskurs zwischen christlichem Glauben und europäischer Wissenschaft. Dabei geht er ähnlich wie Johannes Paul II. und Benedikt XVI. davon aus, dass die antike, spätantike und mittelalterliche Symbiose von Glauben und Wissenschaft im späteren Verlauf der europäischen Philosophiegeschichte immer mehr aufgelöst worden ist, und zwar, wie Habermas über die von Johannes Paul II. und Benedikt XVI. angestellten Überlegungen hinausgehend ausführt, durch einen dreifachen Prozess, nämlich

1. durch Säkularisierung,
2. durch den Übergang zum Paradigma der Subjektphilosophie und
3. durch die Eröffnung eines nachmetaphysischen Zeitalters.

Die moderne Philosophie nimmt zwar, stimmt man dieser Diagnose zu, gelegentlich immer noch implizit Motive aus dem religiösen Glauben auf, hat sich aber als systematische Disziplin offiziell aus theologischen Diskursen zurückgezogen. Dieses Bild entspricht den Auffassungen über Prozesse der frühneuzeitlichen Modernisierung und die zentrale Rolle des kantischen Denkens für die Zertrümmerung der Metaphysik, die Habermas in früheren Arbeiten ausgeführt hatte.

Diese historische Diagnose ist offensichtlich unvereinbar mit dem Anliegen des vorliegenden Grundkurs-Bandes, ja droht diesem Anliegen den Boden zu entziehen. Eine umfassende Diskussion dieses Problems kann hier nicht geleistet werden. Doch soll kurz auf einige Probleme hingewiesen werden.

Zum einen steht fest, dass die Metaphysik als philosophische Disziplin keineswegs untergegangen ist. Es hat tatsächlich nie ein nach-metaphysisches Zeitalter gegeben. Seit geraumer Zeit stellt die Metaphysik sogar wieder eine blühende philosophische Disziplin dar. Zu dieser Entwicklung hat auch die Überwindung der klassischen Subjektphilosophie nachhaltig beigetragen, die – wie Habermas zu Recht betont hat – stets ein Fundament der Metaphysik-Kritik war. Dies belegen unter anderem Arbeiten von Rudolf Carnap (1891–1970) und anderen Vertretern der analytischen Philosophie, also der historisch letzten Variante der Subjekt-Philosophie.

Die einflussreiche Kritik sowohl postmoderner Denker wie Michel Foucault (1926–1984) als auch post-analytischer Philosophen wie Donald Davidson oder John McDowell am traditionellen Subjektbegriff (d. h. am »Mythos des Subjektiven«, wie der Titel einer Schrift von Davidson übersetzt lautet) hat jedoch zu einem philosophischen Paradigmenwechsel hin zu einer post-analytischen, anti-subjektivistischen Philosophie geführt, die wieder die großen philosophischen Fragen aufgreift und oft auf einem bemerkenswerten Niveau diskutiert. Die neue Metaphysik und die post-analytische Philosophie haben den Spielraum für ernstzunehmende religionsphilosophische Debatten auf hohem systematischem Niveau eröffnet, und dieser Spielraum wird gegenwärtig genutzt.

Zudem ist in den letzten Jahrzehnten die rationale Theologie von scharfsinnigen Religionsphilosophen in einen aktiven Forschungsbereich transformiert worden.

Kurz: Die Philosophie hat sich bis heute nicht aus der Theologie zurückgezogen. Dies gilt umso mehr, als mittlerweile, wie bereits erwähnt, auch der religiöse Agnostizismus und der Atheismus als erwägenswerte Positionen gewürdigt werden, die im Rahmen der rationalen Theologie lebhaft und kontrovers diskutiert werden.

Hinzu kommt, dass die angebliche Synthese von Theologie und Wissenschaft im Mittelalter, von der sowohl Vertreter abrahamitischer Religionen als auch Philosophen wie Habermas ausgehen, genauer betrachtet nicht wirklich gelungen ist. Am engsten gestaltete sich diese Synthese in der frühen Geschichte des Islam. Bereits vom 9. Jahrhundert an beschäftigten sich islamische Gelehrte intensiv mit der aristotelischen Philosophie und legten die Grundlage für die spätere islamische rationale Theologie. Al'Kindi (gest. gegen 870), Mathematiker, Arzt und Philosoph, schrieb Kommentare zu den logischen Schriften des Aristoteles und war selbst ein theologischer Rationalist. Dasselbe gilt für Al'Farabi (Abunazar) (gest. 950). Ibn Sina (Avicenna) (980–1038), Theologe, Philosoph und Arzt, traktierte Logik, Metaphysik, Physik auf aristotelische Weise. Avempace (Ibn Badja, gest. 1138), Mediziner, Mathematiker, Astronom und Philosoph, sowie Abu Bekr Ibn Tufayl (Abubacer, gest. 1185), Leibarzt des Kalifen von Bagdad, Mathematiker, Philosoph, Dichter und Schüler Avempaces, legen in ihren Schriften *Leitung des Einsamen* (Tadbir al-mutawahhid) bzw. *Der Lebende, der Sohn des Wachenden* (Ḥayy ibn Yaqẓān) dar, dass der Mensch auf natürliche Weise ohne Offenbarung, nämlich durch Verbesserung des Denkens, zur Erkenntnis von und zum Glauben an Gott gelangen kann. Die positive Religion, wie sie im Koran formuliert wird, ist für diese Autoren eine notwendige Erziehung für die Menge: Religiöse Lehren sind bildliche Hüllen der Wahrheit, die von der (aristotelischen) Philosophie im Denken explizit erfasst wird. Ibn Ruschd (Averroes) (1126–1198), Theologe, Jurist, Arzt, Mathematiker und Philosoph, verfasste im Auftrag des damaligen Kalifen von Bagdad eine umfassende und genaue Kommentierung der meisten aristotelischen Schriften und schloss sich eng an die aristotelische Lehre an. Er vertrat einen voll ausgebildeten Rationalismus, bezeichnete philosophische Einsicht als höchstes

Wissen und die wissenschaftliche Erkenntnis als Religion des Philosophen.

Im christlichen Mittelalter stellte die angebliche Synthese von Theologie und Wissenschaft dagegen eher einen mühsamen und lückenhaften Kompromiss dar. Albert der Große soll die christliche Lehre mit dem Neuplatonismus verbunden haben, und Thomas von Aquin soll seine Theologie als vollendete Symbiose von Christentum und aristotelischem Weltbild dargestellt haben. Genauer betrachtet fügten beide Denker jedoch alle Lehren der neuplatonischen bzw. aristotelischen Philosophie, die mit den christlichen Lehren vereinbar waren (also letztlich so gut wie alle Lehren außer der Ewigkeit des Kosmos und der Sterblichkeit der Seele), weitgehend unverändert in das christliche Weltbild ein – ein leichtes Unterfangen, da die Christen zu diesen Themen bis dahin kaum etwas zu sagen hatten.

Die christlichen Glaubenssätze dagegen, die den Lehren von Aristoteles und Plotin, dem wichtigsten Vertreter des Neuplatonismus, widersprachen oder deren Thematik sie nicht behandelt hatten, bekamen einen Sonderstatus eingeräumt. Dazu gehörte die christliche Doktrin von Schöpfergott und der Schöpfung, von der Dreieinigkeit, der zeitlichen Begrenzung des Kosmos, der Erbsünde, der Menschwerdung des Logos, den Sakramenten, dem Fegefeuer, dem apokalyptischen Weltgericht sowie der Auferstehung von den Toten und der ewigen Verdammnis oder Seligkeit. Albert und Thomas erklärten diese Doktrinen für wissenschaftlich nicht beweisbar, weil die menschliche Vernunft für eine Begründung dieser Thesen nicht ausreiche. Die zentralen christlichen Glaubensinhalte wurden also dem wissenschaftlichen Diskurs entzogen.

Die wichtigsten christlichen Autoren des späten 13. und 14. Jahrhunderts, Roger Bacon (ca. 1220–1292), Duns Scotus (1265/66–1308) und William von Ockham (1288–1347), haben den Bruch zwischen Wissenschaft und Theologie vertieft. Sie bestreiten jede Verbindung zwischen Glauben und Wissenschaft sowie zwischen Theologie und Philosophie. Stattdessen proklamieren sie das Prinzip einer doppelten Wahrheit: Die christlichen Dogmen bleiben als unbezweifelbare Wahrheiten in Geltung, sind jedoch weder empirisch noch rational begründbar. Sie müssen und können nur religiös geglaubt werden. Diesen drei Denkern zufolge gibt es jedoch andere Wahrheiten, die mit Hilfe der Wissenschaften empirisch und rational bewiesen werden können. Die Bemühung um wissenschaftliche Wahrheit hat in ihren Augen mit Aristoteles begonnen und dauert an.

Doch vollziehen Bacon, Duns und Ockham noch einen weiteren provozierenden Schritt: Sie reklamieren für die Wissenschaft absolute Autonomie gegenüber der Theologie. Sie fordern die Freiheit der Wissenschaft auch dann, wenn die wissenschaftlichen Resultate den theologischen Glaubensinhalten widersprechen. Im Zweifelsfall übertrumpft die Wissenschaft den Glauben.

Mit anderen Worten: Eine Synthese zwischen Christentum und rationaler Wissenschaft im Hochmittelter des 13. und 14. Jahrhunderts wurde nie auch nur annähernd vollzogen. Insgesamt gehen Habermas und seine Anhänger von einer falschen historischen Diagnose und moderner Philosophie und insbesondere von einem falschen Bild moderner Religionsphilosophie aus. Das Anliegen des vorliegenden Buches wird von dieser Sichtweise nicht berührt.

9.6 *Religiöse Vorbehalte gegenüber der rationalen Theologie*

Es lassen sich drei religiöse Vorbehalte gegenüber der rationalen Theologie erkennen:

(a) der Fideismus,
(b) die weitgehende Unterdrückung und Ausgrenzung der rationalen Theologie in den offiziellen Dokumenten der abrahamitischen Religionen,
(c) die Einschätzung (wie von Habermas), dass sich die Philosophie nach dem Ende des metaphysischen Zeitalters weitgehend aus theologischen Debatten zurückgezogen hat.

Diese Vorbehalte gegenüber der rationalen Theologie beruhen auf verschiedenen Gründen, die jedoch jeweils nicht überzeugend sind.

Die rationale Theologie als Teildisziplin der Philosophie verstanden war lange Zeit eine monotheistische Theorie. In der Geschichte der Menschheit sind allerdings zahlreiche Vorstellungen von göttlichen Wesen sowohl polytheistischer als auch monotheistischer Art entwickelt worden. Die polytheistischen religiösen Vorstellungen werden oft als heidnische Naturreligionen gekennzeichnet – nicht zu verwechseln mit der sogenannten natürlichen Religion, die oft auch »Deismus« genannt wird und (wie bereits angemerkt) eine Form der rationalen Theologie ist. Auch einige wenige philosophische Theorien über göttliche Wesen sind polytheistisch, etwa die Theologie Epikurs (ca. 341–271/270 v. Chr.).

Die rationale Theologie hat einige Argumente für den Monotheismus entwickelt. So wird zum Beispiel weithin zugestanden, dass Gott allmächtig ist. Nehmen wir also an, es gäbe zwei allmächtige Götter G1 und G2, und einer von ihnen, etwa G1, vollziehe eine Handlung. Danach kann G2 genau diese Handlung unter exakt denselben Umständen nicht mehr vollziehen, so dass seine Macht eingeschränkt und er im Gegensatz zu der genannten Voraussetzung nicht mehr allmächtig ist.

Im Folgenden wird vom Monotheismus ausgegangen, allerdings weniger aus dem Grunde, weil es gute Argumente für den Monotheismus gibt, sondern vor allem deshalb, weil monotheistische Religionen und Theologien in Geschichte und Gegenwart weit verbreitet sind und weil eine erschöpfende Behandlung polytheistischer Theologien den Rahmen des vorliegenden Bandes sprengen würde.

In den meisten Versionen des Theismus wird Gott als immaterieller denkender Geist, oft auch als Subjekt und Person angesehen. Im Vergleich zu den Begriffen »Subjekt« und »Person« ist »Geist« der grundlegendere Begriff: Ein Wesen ohne Geist kann weder ein Subjekt noch eine Person sein. Also müssen die Begriffe »Geist« und daher auch »denken« als grundlegende Aktivität des Geistes erläutert werden. Durch welche Eigenschaften zeichnen sich unsere geistigen (»mentalen«) Zustände und Fähigkeiten wie zum Beispiel Wahrnehmungen, Stimmungen, Gefühle, Träume, Erinnerungen, Wünsche, Absichten, Interessen, Gedanken, Meinungen, Überzeugungen und Erwartungen aus? Die gegenwärtige Philosophie des Geistes gibt eine komplexe Antwort auf diese Frage. Für unsere Zwecke reicht es, nur die elementarste Ebene dieser Antwort zu skizzieren.

Die lange Tradition der rationalen Theologie, ihre konstante Einbindung in philosophisches Denken und ihre weitgehende Unterdrückung im großen und übermächtigen Dunstkreis der abrahamitischen Religionen sind gute Gründe dafür, sich wie in diesem Grundkurs auf rationale Theologie und ihre neueren, begrifflich und logisch differenzierten Diskussionen zu konzentrieren. Eine solche Konzentration bringt es allerdings mit sich, dass die Lektüre des vorliegenden Buches aufwendig und zeitraubend sein kann. Das ist aber auch nicht weiter verwunderlich, denn eine verantwortungsbewusste, theoretisch genaue und ergebnisoffene Erörterung von Meinungen über die mögliche Existenz eines übermächtigen höchsten Wesens und seine Eigenschaften kann gewiss nicht aus einfachen fideistischen Annahmen oder aus der Lektüre alter Offenbarungsschriften hervorgehen. Die philosophische Rede über Gott verlangt von uns ähnliche Anstrengungen wie etwa eine astrophysikalische Diskussion des Urknalls, die kognitiv-psychologischen Überlegungen zur Wahrnehmung oder die Interpretation der *Metaphysik* des Aristoteles. Mit Gott sollten wir es uns besser nicht einfach bequem machen.

In jedem Fall wird sich zeigen, dass in der rationalen Theologie bis heute eine ebenso interessante wie bunte Vielfalt religionsphilosophischer Positionen zu beobachten ist, die sämtlich mit verständlichen Gründen vorgetragen, aber auch innerhalb der rationalen Theologie kritisiert werden. Die gegenseitige Kritik läuft im Rahmen der rationalen Theologie keineswegs auf Religionskritik im traditionellen Sinn hinaus, sondern auf eine erbitterte Debatte um theologische Positionen. Eine gemeinsame Auffassung oder auch nur eine Mehrheitsmeinung zeichnet sich zurzeit nicht ab. Diese Situation verlangt es, jeden Anflug von religiösem Dogmatismus zu vermeiden, demütig zu bleiben und sich weiterhin anzustrengen.

Die Kontur des Geistes

Unsere mentalen Zustände helfen uns, mit der Welt zurechtzukommen. Unsere grundlegendste Art und Weise, mit der Welt zu interagieren, wird oft als *Wahrnehmungs-, Evaluations-, Bewegungskreislauf* (»WEB-Kreislauf«) bezeichnet. Ein Beispiel:

Maria sieht in ihrer Nähe einen Bären und hört ihn brüllen. Sie bekommt schreckliche Angst und läuft schnell weg. Sie landet erleichtert auf einer Wiese, sieht einen Apfelbaum, bekommt Hunger, pflückt sich einen Apfel und verspeist ihn genussvoll.

Es bleibt natürlich nicht bei diesen beiden WEB-Kreisläufen. Mit Hilfe von Wahrnehmungen oder etwa auch Meinungen und Überzeugungen versuchen wir Ereignisse in der Welt zu registrieren, also zu repräsentieren. Diese mentalen Repräsentationen haben einen Inhalt, der »semantischer Gehalt« genannt wird.

Maria sieht oder hört oder meint, dass sich in ihrer Nähe ein Bär aufhält. Die dass-Klausel in diesem Satz beschreibt den semantischen Gehalt ihrer Repräsentation. Allerdings gibt es Sinnestäuschungen, und Meinungen können falsch sein. Aber auch in diesem Fall behält die Repräsentation ihren semantischen Gehalt. Maria meint, dass ein Bär in ihrer Nähe ist, unabhängig davon, ob ihre Meinung nun wahr oder falsch ist. Repräsentationen können wahr oder falsch sein – sie weisen Korrektheitsbedingungen auf. Allerdings sollten sie meist wahr und dürfen nur selten falsch sein, andernfalls würden wir nicht lange überleben. Insofern der Geist auf der grundlegendsten Ebene Repräsentationen produziert, informiert er uns über die Welt, umfasst aber auch einen Mechanismus für schnelles Lernen, also die Fähigkeit, falsche Repräsentationen zu erkennen. Diese Fähigkeit arbeitet weitaus schneller als eine Korrektur im Laufe der Evolution, die mindestens zwei Generationen umfasst.

Mit ihrer Angst bewertet Maria den Bären bzw. dessen Gefährlichkeit für sich. Ihre Angst drückt aus, dass sie den Bären als gefährlich bewertet. Dieser Vorgang hat jedoch bemerkenswerterweise zwei Dimensionen:

1. Wenn Maria Angst hat, dann fühlt sie, wie es ist, schreckliche Angst zu haben. Sie erlebt die Angst, sie spürt die Gefahr, und dieses Spüren und Erleben stellt eine Form von *Bewusst-*

sein dar. Doch umfasst Marias Angst auch eine nicht-sprachliche Meinung über die Welt, nämlich die Meinung, dass der Bär für sie gefährlich werden könnte. Ihre Angst ist auch eine spezifische, nämlich eine bewertende bzw. evaluative Repräsentation mit dem semantischen Gehalt, dass der Bär für sie gefährlich werden könnte. Tatsächlich kann auch diese Repräsentation wahr oder falsch sein.

Und schließlich bewegt sich Maria. Ihre beiden Repräsentationen lösen eine kausale Reaktion aus: Sie flüchtet. Doch ist diese Bewegung nicht nur einfach ein kausaler Effekt, sondern vor allem ein kausaler Effekt, der sie aus der Gefahrenzone bringt, also für Maria lebensnotwendig (»adaptiv«) ist. Anders ausgedrückt: Ein Zustand eines Lebewesens hat die faktische Funktion F, wenn dieser Zustand F kausal auslöst und F für das Lebewesen adaptiv ist. Insofern haben Marias Wahrnehmung und ihre Angst auch eine faktische Funktion (faktische Funktionen sind dabei natürlich von mathematischen Funktionen zu unterscheiden).

Das Beispiel des WEB-Kreislaufes und viele weitere Beispiele zeigen, dass mentale Zustände durch die drei Eigenschaften Repräsentationalität, Bewusstsein und faktische Funktionalität ausgezeichnet sind. Diese drei Eigenschaften ziehen erhebliche Konsequenzen nach sich und sind von enormer Relevanz. Denn die faktische Funktionalität mentaler Zustände betrifft unsere physische, aber auch unsere mentale Überlebensfähigkeit direkt. So sind etwa viele seelische Störungen mit mentaler Dysfunktionalität korreliert. Das Bewusstsein macht als mentaler Selbstbezug unsere innere Subjektivität aus und stiftet aufgrund seiner evaluativen Dimension vor allem im Bereich der Gefühle unsere zentralen Motivationen. Ohne dieses Bewusstsein würde es uns in unserem Leben nicht wirklich um etwas gehen. Und die Repräsentationen versorgen uns mit Informationen über die Welt, doch stiften sie auch Logik und Rationalität, denn aufgrund ihrer semantischen Gehalte bilden sie semantische Netzwerke, die logisch und rational organisiert sind. Ohne Repräsentationen könnten wir nicht im logischen Raum der Gründe operieren, könnten nicht das Argumentationsspiel spielen – und folglich auch keine rationale Theologie betreiben.

9.7 *Faktische Funktionen*

(1) Faktische Funktionen eines Systemzustandes sind kausale Folgen dieses Zustandes, die für die Erhaltung des Systems relevant sind.
(2) Mathematische Funktionen sind Vorschriften, die jedem Element einer gegebenen Menge genau ein Element einer anderen Menge zuordnen.
(3) Mentale Zustände weisen faktische Funktionalität auf und sind daher meist evolutionär adaptiv.

9.8 *Mentale Repräsentationen*

(1) Sei R ein mentaler Zustand: R ist dann eine Repräsentation von X (d. h. R repräsentiert X), wenn R korrekt oder inkorrekt sein kann, also in Bezug auf X Korrektheitsbedingungen aufweist.
(2) Wenn R ein X repräsentiert, dann ist X der semantische Gehalt von R, und zwar unabhängig davon, ob R korrekt oder nicht korrekt ist.
(3) Korrekte Repräsentationen liefern Informationen über die Welt.
(4) Repräsentationen bilden semantische Netzwerke und ermöglichen rationale und insbesondere auch logische Argumentationen und Begründungen.

9.9 *Bewusstsein*

(1) Eine grundlegende Art von Bewusstsein ist der mentale Selbstbezug, zum Beispiel das Erleben und Spüren, wie es ist, in einem bestimmten mentalen Zustand zu sein (phänomenales Bewusstsein).

(2) Weitere Formen des Bewusstseins im Sinne eines mentalen Selbstbezugs sind das Monitor-Bewusstsein, das aus Repräsentationen höherer Ordnung, also Repräsentationen von Repräsentationen besteht, sowie das Ich-Bewusstsein, also das Bewusstsein seiner selbst.

(3) Viele Gefühle sind zugleich phänomenal bewusst und repräsentational.

(4) Bewusstsein ermöglicht vor allem in Gestalt von bewussten Gefühlen die Bewertung externer Ereignisse und innerer Zustände.

(5) Bewusstsein stiftet unsere innere Subjektivität und unsere Motivationen.

Der Begriff »Denken« ist in der Alltagssprache mehr als vage. Traditionell gilt das Denken als zentrale Tätigkeit des Geistes.

Damit kommen wir einer plausiblen Bestimmung des Denkens allerdings kaum näher. In der gegenwärtigen Philosophie wird Denken, wie etwa John McDowell betont hat, als geistige Ausrichtung auf die Welt gefasst. Denken muss durch die Welt beantwortbar sein, und das bedeutet, dass wir das Denken in einen normativen Kontext stellen müssen. Wir müssen sagen können, dass das Denken, dass p der Fall ist, korrekt oder inkorrekt ist, je nachdem, ob p in der Welt der Fall ist oder nicht. Damit ist auch impliziert, dass das Denken zwar inkorrekt sein kann, dass es aber besser korrekt sein sollte.

Auf diese Weise lässt sich die normative Dimension des Denkens ausbuchstabieren. Diese Beschreibung des Denkens lässt sich in Begriffen der Repräsentationalität reformulieren. Denken ist eine Entwicklung von mentalen Repräsentationen. Wie oben gezeigt, sind Repräsentationen wesentlich dadurch bestimmt, dass sie Korrektheitsbedingungen aufweisen. Repräsentationen stellen eine Ausrichtung auf die Welt dar, die als Ausrichtung eine normative Dimension hat. Daraus folgt, dass das Fühlen eine spezielle Form des Denkens ist, denn auch Gefühle sind Repräsentationen.

9.10 *Denken*

(1) Zu denken bedeutet, Repräsentationen (9.8) zu entwickeln, ihnen Informationen über die Welt zu entnehmen und ihre Stellung in semantischen Netzwerken zu realisieren, also im logischen Raum der Gründe zu operieren.
(2) Da Repräsentationen korrekt oder inkorrekt sein können, ist nach (1) auch das Denken fehleranfällig.

Zuweilen ist in der rationalen Theologie auch von der »Seele« die Rede. In der neuzeitlichen Philosophie ist der Seelenbegriff immer mehr aus der Mode gekommen. Neuerdings wird jedoch über eine Rehabilitierung des Begriffs nachgedacht. Dabei gilt »Seele« als weiterer und »Geist« als engerer Begriff.

9.11 *Geist und Seele (bei Menschen)*

(1) Der Geist besteht aus humanspezifischen, kognitiv höheren mentalen Zuständen und Fähigkeiten, die auf der elementarsten Ebene durch faktische Funktionalität, Repräsentationalität und Bewusstsein ausgezeichnet sind.
(2) Die Seele besteht aus dem Geist und zusätzlich aus mentalen Zuständen, die wir Menschen mit den Tieren teilen.

Arten von Erklärungen

Zum Abschluss sollen die wichtigsten Arten von Erklärungen aufgelistet werden. In theistischen und atheistischen Argumenten spielt es etwa eine erhebliche Rolle, in welcher Weise die Existenz des Universums durch Verweis auf Gott erklärt wird. In der Wissenschaftstheorie werden meist vier Arten von Erklärungen voneinander unterschieden:

9.12 *Arten von Erklärungen*

9.12.1 *Logische (deduktive) Erklärung (oft auch »Beweis« genannt):*

Ein Sachverhalt ist logisch dann erklärt, wenn nachgewiesen wird, dass seine Beschreibung aus Beschreibungen anderer Sachverhalte durch Gesetze der formalen Logik folgt.

Beispiel A

(i) Alle guten Politiker sind gute Redner.
(ii) Demosthenes ist ein guter Politiker.
(iii) Daher ist Demosthenes ein guter Redner.

Beispiel B

(i) Alle guten Politiker sind gute Redner.
(ii) Wenn daher jemand kein guter Redner ist, ist er auch kein guter Politiker.

9.12.2 *Naturgesetzliche (= kausale) Erklärung:*

Ein Sachverhalt ist dann kausal (naturgesetzlich) erklärt, wenn nachgewiesen wird, dass er aus anderen Sachverhalten und Naturgesetzen mit Notwendigkeit hervorgeht.

Beispiel A

(i) Dieser Faden wird mit einem Gewicht belastet, das die Reißfestigkeit des Fadens übersteigt.
(ii) Immer dann, wenn ein Faden mit einem Gewicht belastet wird, das die Reißfestigkeit des Fadens übersteigt, reißt der Faden.
(iii) Daher reißt dieser Faden.

Beispiel B

(i) Dieses Stück Holz ist über längere Zeit gerieben worden.
(ii) Immer wenn ein Stück Holz über einen längeren Zeitraum gerieben wird, so wird Wärme erzeugt.
(iii) Daher hat sich dieses Stück Holz erwärmt.

9.12.3 *Funktionale Erklärung:*

Ein Sachverhalt ist dann funktional erklärt, wenn nachgewiesen wird, dass er deshalb auftritt, weil er zu einem System gehört und dazu beiträgt, die Erhaltung des Systems zu sichern.

Beispiel A

Giraffen haben lange Hälse, weil sie dadurch Nahrung an höhergelegenen Ästen hoher Bäume erreichen und auf diese Weise überleben können.

Beispiel B

In modernen Staaten wird eine Polizei eingerichtet, weil die Staaten durch die Polizei die beschlossenen Gesetze durchsetzen und sich auf diese Weise stabilisieren können.

9.12.4 *Rationale (= intentionale, teleologische, volkspsychologische) Erklärung*

Ein Sachverhalt (üblicherweise ein mentaler Zustand oder eine Handlung) ist dann rational (intentional, mental) erklärt, wenn nachgewiesen wird, dass er aus mentalen Zuständen rationalerweise (d. h. aufgrund einer allgemeinen Rationalitätsannahme, die man »normische Prämisse« nennt) hervorgeht.

Beispiel A

(i) Martina hat den Wunsch, Chinesisch zu studieren.
(ii) Sie meint, dass sie dafür die chinesischen Schriftzeichen lernen muss.
(iii) Daher lernt sie diese Schriftzeichen.

Beispiel B

(i) Sven meint, dass alle guten Politiker gute Redner sind.
(ii) Sven meint außerdem, dass Demosthenes ein guter Politiker ist.
(iii) Daher meint Sven, dass Demosthenes ein guter Redner ist.

Teil 1
Theismus

Der Theismus stellt in der rationalen Theologie den Versuch dar, den Gottesbegriff zu spezifizieren und die Existenz sowie die Eigenschaften dieses Gottes zu begründen. Im Folgenden werden zunächst die wichtigsten Gottesbegriffe skizziert und dann die jeweiligen theologischen Beweise und Begründungen für die Behauptung der Existenz und der Eigenschaften Gottes dargestellt.

1.1 Gottesbegriffe

Lange bevor rationale Theologie betrieben wurde, wurden in vielen Kulturen Schöpfungsmythen artikuliert, in denen beschrieben wurde, wie das Universum mit Hilfe göttlicher Kräfte entstanden ist und sich seither entwickelt hat. Die Schöpfung, also die Entstehung des Universums, ist gegenwärtig nicht nur in der Astrophysik, sondern auch im Theismus und Atheismus von erheblichem Interesse. Aus diesem Grunde lohnt sich ein kurzer Blick auf einige exemplarische Schöpfungsmythen.

Schöpfungsmythen

Die meisten Mythen beschreiben die Entstehung der Welt und ihrer grundlegenden Bestandteile und Naturkräfte, die ihrerseits oft in Begriffen bestimmter Götter gefasst werden. Mythen repräsentieren damit auch klassifikatorisches und kausales Wissen über die Welt und sind frühe theistische Versuche, die Prozesse und Dinge in der Welt unter Rückgriff auf Götter zu erklären.

> Am Anfang schuf Gott Himmel und Erde. Und die Erde war wüst und leer, und es war finster auf der Tiefe; und der Geist Gottes schwebte auf dem Wasser. Und Gott sprach: Es werde Licht! und es ward Licht. Und Gott sah, dass das Licht gut war. Da schied Gott das Licht von der Finsternis und nannte das Licht Tag und die Finsternis Nacht. Da ward aus Abend und Morgen der erste Tag. Und Gott sprach: Es werde eine Feste zwischen den Wassern, und die sei ein Unterschied zwischen den Wassern. Da machte Gott die Feste und schied das Wasser unter der Feste von dem Wasser über der Feste. Und es geschah also. Und Gott nannte die Feste Himmel.

Diese ersten Verse des Alten Testaments stellen einen Schöpfungsmythos dar. Gott schuf die Welt, doch zu Beginn schwebt er über den Wassern. Er war, genauer übersetzt, so etwas wie ein Sturm im Wasser. Das Wasser selbst wird diesem Mythos zufolge nicht geschaffen und ist nicht entstanden. Die Ureinheit ist dem christlichen Schöpfungsmythos zufolge also das undifferenzierte Wasser mit einer energetischen, kreativen Eigenschaft, die Gott genannt wird. Die erste Binnendifferenzierung betrifft die Trennung von Himmel und Erde, wobei die Erde als ungeordnete Leere, Finsternis und Tiefe gekennzeichnet wird. Es folgen die Differenzierung zwischen Licht und Finsternis sowie die Trennung zwischen dem Wasser über und unter der Erde. Gott produziert die Komponenten der Welt teils durch konkrete Handlungen, teils durch das Wort. Schöpfung durch das Wort scheint auf den ersten Blick abstrakter und entwickelter zu sein, doch handelt es sich um einen Aspekt eines archaischen, magischen Verständnisses von Relationen in der Welt: Genau das, was genannt wird oder genannt werden kann, ist auch real. Diese magische Sicht wird auch zu Beginn des babylonischen Schöpfungsmythos *Enuma Elis* (ca. 1100 v. Chr.) deutlich:

> Als oben der Himmel noch nicht genannt war und unten die Erde noch keinen Namen trug, und auch nicht Apsu, der Erste, ihr Erzeuger, und das Chaos, Tiamat, die sie alle gebar – sie hatten ihre Wasser miteinander vermischt – und als noch kein Weideland zustande gekommen war und kein Röhricht zu sehen war, als noch keiner der Götter in die Existenz gerufen worden war und keiner von ihnen einen Namen trug – da wurden dann die Götter erzeugt …

Keinen Namen zu haben oder nicht genannt zu werden, ist offenbar gleichbedeutend damit, nicht zu existieren. Demnach ist im *Enuma Elis* das vermischte undifferenzierte Wasser die Ureinheit, die in die erste Differenzierung zwischen Tiamat (weiblich, Süßwasser) und Apsu (männlich, Salzwasser) übergeht. Später taucht der junge Gott, Marduk auf, zerstückelt Tiamat und formt aus den Teilen den Kosmos.

Ein Schöpfungsmythos aus dem alten Ägypten beginnt mit Nun, dem unendlichen undifferenzierten Urwasser in der Dunkelheit. Nun erzeugt mittels seiner Stimme den Gott Atum, der Lichtstrahlen in die Dunkelheit und über das Urwasser schickt. Atum erzeugt dann Shu, den Gott des Windes, sowie Tefnut, die Göttin des Wassers. Und Tefnut soll die Welt erschaffen.

In anderen Mythen bildet die finstere ungeordnete Leere selbst die mythische Ureinheit und ist somit der elementarste Gott. In der Theogonie des altgriechischen Dichters Hesiod (um 700 v. Chr.) ist das »Chaos« der leere unermessliche Raum, doch ebenso auch die verworrene Masse und damit die undifferenzierte Ureinheit, aus der zunächst die Erde, die Unterwelt, der Eros, die Finsternis und die Nacht entstehen, die ihrerseits Licht und Luft, aber auch menschliche Übel hervorbringen, während die Erde viele weitere Götter sowie das Meer, die Berge und den Himmel erzeugt.

In einem afrikanischen Mythos (Benin/Togo) treibt Mawu anfangs in tiefem Schlaf zeitlos durch die Leere und träumt von den Dingen, die irgendwann einmal existieren können, die also möglich sind. Die Zeit beginnt erst, als Mawu den Traum zu Ende geträumt hat, erwacht und zu handeln beginnt.

Der indonesische Stamm der Dajaken lässt seinen Mythos mit einer Dunkelheit beginnen, die sich endlos von Ewigkeit zu Ewigkeit erstreckt, die aber als belebendes Moment eine kleine Spinne enthält, die in der Dunkelheit schwebt und mit ihren gesponnenen Fäden beginnt, Strukturen in der ewigen Dunkelheit zu formieren.

Auch ein taoistischer Schöpfungsmythos aus China beginnt mit einem Nichts und einer Dunkelheit, in der allerdings ein Ei mit Brutenergie treibt, aus dem Pan Ku hervorgeht. Später zerbricht das Ei durch einen Lichtstrahl in zwei Teile. Die obere Hälfte wird zum Himmel, die untere Hälfte die Erde. Pan Ku stellt sich zwischen Himmel und Erde und stützt so beide Hälften. Er wendet dabei all seine Kraft auf, wird alt und stirbt, und sein Tod wird zur Geburt der Welt. Sein rechtes Auge wird zur Sonne, das linke zum Mond, seine weißen Barthaare verwandeln sich in glitzernde Sterne. Der Schädel wird zu Bergen, Zähne zu Fels und Stein, sein Fleisch und seine Knochen werden zu Erdreich. Wälder und Felder entstehen aus seinen Haaren. Aus seinen Adern werden Wege und Straßen. Aus seinem Atem entstehen die Winde, sein Schweiß wird zu Regen und seine Stimme wird zum Donnergrollen. Und die Flöhe, die auf seinem Körper lebten, werden in Menschen und Tiere verwandelt, die daraufhin die Welt bevölkern.

Ein besonders interessanter Mythos stammt aus Polynesien. Diesem Mythos zufolge entsteht die Welt durch Musik. Am Anfang existiert Taaora, welcher das gesamte Universum ausfüllt. Er fühlt sich jedoch so einsam, dass er seine Stimme in die Einsamkeit und Leere hineinruft und aus dem zurückkommenden Echo ein Lied macht. Anfangs ist es ein leises, flüsterndes Lied, aus dem er das Meer und den Wind singt; die Töne werden zu den Fischen, die das Meer beleben. Durch Variationen seines Liedes singt er alle weiteren Komponenten in die Existenz. Als er sieht, dass die Welt vollendet ist, singt er die Menschen aus sich selbst heraus und sich selbst in sie hinein. So wurden die Menschen erfüllt von dem Lied der Welt – also von Gott.

Zum Schluss sei noch ein indischer Schöpfungsmythos angeführt (Brihatkatha Upanischad). Diese Genesis beginnt ohne Zeit und Ort, ohne gestern und heute. Es gibt nur ›das Eine‹, das die tiefen Gedanken der Ewigkeit denkt. Die Gedanken werden zu den Worten: »Ich bin! Es gibt nichts anderes.« Das Eine, der Ur-Gott, denkt sich selbst, denn etwas anderes gibt es nicht. Daraus entstehen Bewusstsein und das Gefühl der Einsamkeit. Das Eine gerät deshalb in unerträgliche Trauer und teilt sich in zwei Teile, aus denen jeweils Dunkelheit und Licht, Meer und Himmel, Berg und Tal sowie die ersten Menschen (Mann und Frau) entstehen. Als sie sich sehen, fühlen sie anstelle der Einsamkeit die Gemeinsamkeit der Liebe, aus der Kinder entstehen, von denen alle Menschen der Welt abstammen. Auf diese Weise wird erklärt, wie die Schöpfung des Vielen aus dem Einen motiviert ist.

Die alten Schöpfungsmythen weisen bemerkenswerte Ähnlichkeiten auf:

9.13 *Schöpfungsmythen*

(1) Ausgangspunkt ist eine Ureinheit, die noch keine internen Differenzierungen, wohl aber ein aktives, energetisches Element enthält.
(2) Die Energie des aktiven Elements führt zu einer ersten Binnendifferenzierung und dann zu einer Kette wei-

terer Gegenstände und Kräfte, die nacheinander entstehen.

(3) Das aktive Element wird unterschiedlich beschrieben (von der kleinen Spinne bis hin zum Denken), erfüllt aber stets die Funktion, aus der Ureinheit den konstruktiven Prozess der Weltentstehung in Gang zu setzen.

(4) Dabei werden meist zuerst Naturkräfte und physische Gegenstände, dann Tiere und schließlich Menschen geschaffen.

(5) Die Elemente, die in Mythen beschrieben werden, kennzeichnet eine Doppelgesichtigkeit: Sie sind einerseits Naturkräfte und andererseits göttliche Personen oder Tiere.

(6) Die Personalisierung der grundlegenden Weltelemente ermöglicht es, den Mechanismus der Generierung der Welt in Begriffen von erotischen Zeugungen, oder allgemeiner: von Handlungen der göttlichen Akteure zu beschreiben.

(7) Die mythische Schöpfung ist nicht ein Erschaffen der Welt aus dem reinen Nichts, sondern aus einer Ureinheit mit einem energetischen Potential.

Im Folgenden soll es um die systematischen Positionen der rationalen Theologie gehen, die allerdings, wie bereits angemerkt, zum Teil von älteren Autoren besonders prägnant formuliert und begründet worden sind.

Klassischer Theismus

Der klassische Theismus schlägt ein Modell von Gott vor, das Gott auf der grundlegendsten Ebene als uneingeschränkt und perfekt beschreibt.

9.14 *Klassischer Theismus*

(1) Der klassisch-theistische Gott ist ein in jeder Hinsicht aktives und perfektes Wesen. Er
 (a) ist oder hat einen Geist
 (b) ist ein fehlerloser Denker
 (c) besitzt uneingeschränkte Macht,
 (d) ist allwissend,
 (e) weist optimale Güte auf,
 (f) ist Schöpfer des Universums.

(2) Der klassisch-theistische Gott besitzt auch metaphysische Eigenschaften: Er
 (a) ist immateriell,
 (b) ist absolute Einheit und daher unteilbar,
 (c) ist unveränderlich und unbeweglich,
 (d) ist selbstgenügsam, also existentiell autonom,
 (e) ist unabhängig von kausalen Einflüssen aus dem Universum,
 (f) ist unfähig, etwas zu erleiden,
 (g) ist ewig, er existiert also außerhalb von Raum und Zeit.

Der klassisch-theistische Gott ist nach 9.14 gegenüber dem Universum transzendent, existiert also außerhalb des Universums und ist ontologisch von anderer Art als das Universum und seine Teile.

Diese Konzeption von Gott stammt weitgehend aus der klassischen Antike und wurde insbesondere von Platon, Aristoteles und den Neuplatonikern wie etwa Plotin artikuliert. Sie beruht unter anderem auf der metaphysischen Idee, dass Materie, Bewegung, Endlichkeit, Teilbarkeit, Bedürftigkeit und Leidensfähigkeit Einschränkungen der Perfektion sind, weil sie Formbarkeit, Sterblichkeit, Leid, Bösartigkeit und Irrtum einschließen bzw. hervorbringen, die eines Gottes nicht würdig sind. Struktur, Stabilität, Ewigkeit, Unendlichkeit und Unsterblichkeit sind dagegen übermenschliche, göttliche Attribute.

Die genannten antiken Denker fassen jedoch diesen klassischen Gott als Kraft auf, die einen prägenden, strukturierenden Einfluss auf die Welt hat und von Menschen, die sich kognitiv optimal ausgebildet haben, auch erkannt werden kann.

Dieser Gott ist der Welt auf erkenntnistheoretischer Ebene durchaus nahe, ist aber keine Person und steht den Menschen daher emotional und sozial gesehen fern. Außerdem wird im Rahmen des klassisch-antiken Theismus die Bedingung (1) (f) nicht erfüllt: Gott ist nicht der Schöpfer des Universums. Vielmehr hat das Universum weder einen Anfang noch ein Ende.

Führende christliche, islamische und jüdische Denker wie etwa Augustinus (354–430), Anselm von Canterbury (ca. 1033–1109), Thomas von Aquin, Avicenna (Ibn Sīnā) (980–1037), Averroes (Ibn Rushd) (1126–1198) und Maimonides (Moshe ben Maimon) (1138–1204) haben diese Gotteskonzeption weitgehend übernommen.

Die entscheidende Änderung bestand jeweils in der Integration des mythischen Schöpfungsgedankens. Das Universum hat einen Anfang, und Gott ist der Schöpfer des Universums. Anders als in den Schöpfungsmythen hat das Universum aber auch ein Ende, und Gott gehört nicht zum Universum, sondern bleibt ein transzendentes Wesen.

9.15 *Kritik am klassischen Theismus (Alvin Platinga, geb. 1932, Richard Swinburne, geb. 1934)*

(1) Ohne die Annahme, dass Gott eine Person ist, machen weder verbreitete alltägliche Intuitionen über Gott, verbreitete religiöse Praktiken wie Gebete und Litur-

gien noch grundlegende theologische Konzepte wie Apokalypse oder Erlösung Sinn.

(2) Der klassisch-theistische Gott bleibt nach (1) eine abstrakte und transzendente Idee, die weder Relevanz für uns besitzt noch Verehrung verdient.

(3) Alltägliche und extrem verbreitete religiöse Intuitionen und Praktiken spielen in der Theologie eine ähnliche methodologische Rolle wie empirische Beispiele und Daten für empirische Theorien.

(4) Eine adäquate Gotteskonzeption muss in der Lage sein, die in (3) genannten religiösen Intuitionen und Praktiken zu integrieren, darf also nicht unvereinbar mit ihnen sein und sollte sie sogar erklären können. Der klassisch-theistische Gottesbegriff scheitert an diesen Forderungen.

Im Koran wird betont, dass Gott in keiner Weise mit Menschen oder anderen endlichen Wesen vergleichbar ist. Das christlich-jüdische Alte Testament geht dagegen davon aus, dass der Mensch nach dem Ebenbild Gottes geschaffen wurde. Doch alle abrahamitischen Offenbarungsschriften verstehen Gott als eine Person, die sich um die Menschen sorgt und zu der die Gläubigen beten können – in offenem Widerspruch zu dem philosophisch geprägten klassisch-theistischen Gottesbegriff.

Die Konzeption, Gott als Person zu betrachten, heißt personaler Theismus.

Personaler Theismus

Die meisten religiösen Praktiken schließen die Vorstellung ein, dass Gott nicht nur eine Art von Geist, sondern auch eine Art von Person ist. Gläubige beten zu Gott, versuchen eine Beziehung zu Gott aufzubauen, hoffen darauf, dass Gott ihre Gebete erhört, und vertrauen darauf, dass Gott sie beschützt und nach dem Tod in sein Reich aufnimmt. Und nicht selten sind Gläubige davon überzeugt, auch Gottes Botschaften, Absichten sowie seinen Willen zu kennen und zu verstehen. Der Gott in den Offenbarungsschriften der abrahamitischen Religionen ist eine Person, die den Menschen wichtige Lehren verkündet, ihnen Befehle erteilt, sie beobachtet und prüft, bestimmte Menschen lobt oder tadelt, ihnen zürnt oder sich mit ihnen freut. Gottes Interaktion mit der Welt und mit den Menschen besteht in freiem, intentionalem und emotional unterlegtem Handeln, also keineswegs nur in rein kausalen Interventionen. Die Hoffnung der Gläubigen auf Erlösung und gerechten Ausgleich für immenses erlittenes Leid im Diesseits schließt ebenfalls die Idee eines gerecht richtenden Gottes und somit ebenfalls einer Person ein.

Auch wenn Gott eine Person ist und menschlichen Personen ähnlich ist, besitzt er übermenschliche Macht, übermenschliches Wissen und übermenschliche Güte. Daher wird ein solcher Gott auch personaler All-Gott (*personal omniGod*) genannt. Der personale All-Gott wird wie im klassischen Theismus als immateriell und übernatürlich betrachtet.

9.16 *Personaler Theismus (der personale All-Gott)*

9.16.1 *Die christliche Version*

Eine Person ist ein Wesen, das ein mentales Leben führt, das aus Gedanken wie etwa Repräsentationen (9.8) und bewussten Zuständen (9.9) besteht. Menschliche Wesen sind mit ihren Körpern auf eine nicht notwendige, kontingente und zeitlich beschränkte, temporäre Weise korreliert. Der personale All-Gott ist dagegen eine immaterielle Person, hat jedoch repräsentationale und bewusste Gedanken, wie sie auch menschlichen Personen zugeschrieben werden können, die neben ihren mentalen Zuständen auch physische Zustände aufweisen.

Der entscheidende Unterschied zwischen Menschen und Gott besteht darin, dass Gott, anders als Menschen, im Denken und Handeln keinerlei Einschränkungen und Defizite aufweist. Gott ist eine Person mit Zero-Defekt, die keinerlei epistemischen Korrekturbedarf hat und alles tun kann, was sie will, außer irrational zu denken und bösartig zu handeln. Daraus folgt, dass der personale All-Gott allmächtig, allwissend und allgütig ist. Der Mensch ist seinerseits ein Ebenbild Gottes.

9.16.2 *Die islamische Version*

Allâh existiert außerhalb von Raum und Zeit, ist der einzige Gott, existiert ewig und hat unveränderliche Eigenschaften. Allâh hat die Welt erschaffen. Allâh braucht nichts und niemanden. Allâh ist allmächtig. Alles das, was Allâh will, geschieht, und alles das, was er nicht will, geschieht nicht. Er weiß alles, also auch alles, was geschah, was geschieht und was geschehen wird. Allâh sieht und hört alles, doch ohne Ohren oder andere Hilfsmittel. Er lebt, aber sein Leben ist nicht an Seele oder Fleisch gebunden. Sein Leben ähnelt nicht unserem Leben. Allâh spricht ohne Zunge und ohne Lippen. Sein Sprechen ähnelt nicht unserem Sprechen. Allâh ähnelt nichts und niemandem, insbesondere auch nicht den Menschen.

Wir können dem personalen Theismus zufolge die grundlegenden Eigenschaften des personalen All-Gottes aus einer Projizierung, Extrapolation und maximalen Optimierung ausgewählter menschlicher Eigenschaften ableiten. Und wir können Gottes Denken, Botschaften und Handlungen auf ähnliche Weise verstehen wie die Gedanken, Aussagen und Handlungen anderer Menschen. Ein wesentlicher Unterschied zwischen dem christlichen und islamischen All-Gott besteht darin, dass der Mensch den Christen zufolge ein Ebenbild Gottes ist, während im Islam Gott nichts und niemandem gleicht. Der islamische All-Gott bewahrt demnach eine deutlichere Transzendenz und steht daher dem klassischen Theismus näher als der christliche All-Gott.

9.17 *Kritik am personalen Theismus*

(1) Die zentrale Begründung des personalen Theismus ist fragwürdig. Verbreitete religiöse Intuitionen und Praktiken setzen den religiösen Glauben an einen personalen Gott voraus. Deshalb können diese Intuitionen und Praktiken keine Daten sein, anhand derer der personale Theismus geprüft werden könnte.

(2) Die Anwendung des Personenbegriffs auf Gott ist problematisch. Gegenwärtig wird der Personenbegriff in Gestalt von Überlegungen zur personalen Identität diskutiert. Diese Diskussion erweist sich als komplex und wird kontrovers und offen geführt. Gegenwärtig gibt es keinen allseits anerkannten Personenbegriff.

Neuerdings wird im Rahmen des Theismus von Gott als einem Subjekt anstatt einer Person gesprochen. Dieser terminologische Vorschlag macht mehr Sinn: Im Rahmen der Philosophie des Geistes können wir Subjekte bestimmen als Wesen, die Bewusstsein (9.9) aufweisen. Auf dieser Grundlage können wir den *subjektivistischen Theismus* durch die These kennzeichnen, dass Gott ein Subjekt ist, das die höchsten Formen mentaler Selbstbezüge einschließt. Aristoteles war ein typischer Vertreter des subjektivistischen Theismus, denn der aristotelische Gott ist primär dadurch bestimmt, dass er nur sich selbst denkt. Im modernen Theismus wird der subjektivistische Theismus dagegen nicht als gesonderte Variante des Theismus diskutiert.

Einige Theologen werfen den klassischen Theisten nicht nur vor, dass sie Gott in einem philosophischen Vokabular und aus Sicht einer säkularen Metaphysik kennzeichnen, anstatt sein Bild an den Aussagen der Offenbarungsschriften zu orientieren, sondern möchten auch jede Form der göttlichen Transzendenz vermeiden. Gott muss als ein Wesen konzeptualisiert werden, das mit seiner Menschenähnlichkeit Ernst macht. Dieser Gedanke hat zum offenen Theismus geführt.

Offener Theismus (Neo-Theismus)

Der offene Theismus, der manchmal auch Neo-Theismus genannt wird, ist eine radikale Version des personalen Theismus. Er beruft sich im Sinne des Alten Testaments darauf, dass Gott den Menschen nach seinem Ebenbild geschaffen hat.

9.18 *Offener Theismus*

(1) Gott, seine Merkmale und seine Fähigkeiten sind denen der Menschen höchst ähnlich.
(2) Gott erfährt die Realität ähnlich wie Menschen.
(3) Gott hat Absichten und realisiert sie in Raum und Zeit.
(4) Gott hat Gefühle und sorgt sich um die Menschen.
(5) Gottes Erkenntnis ist nicht perfekt.
(6) Gott hat Menschen mit Freiheit ausgestattet und besitzt daher keine volle Kontrolle über die freien Entscheidungen der Menschen.

Daraus folgt, dass Gott zum Teil auf seine eigene Schöpfung reagiert, nicht zuletzt deshalb, weil er sich unser Wohlergehen wünscht. Ferner verändert sich Gott häufig, denn Aktionen in Raum und Zeit setzen auch eine Änderung der Akteure in Raum und Zeit voraus. Er lobt seine Geschöpfe oder zürnt ihnen, und zuweilen bereut er sogar, sie erschaffen zu haben. Er verzweifelt und hofft, ist eifersüchtig und voller Freude. Er verändert sich also auch in seinen mentalen Zuständen.

Es gibt einige Dinge, die er nicht erkennt und nicht weiß. Dies gilt insbesondere für zukünftige Ereignisse oder Handlungen. Denn Gott stattete die Menschen mit absoluter Freiheit aus, mit deren Hilfe sie spontan und ohne weitere Ursache neue Ereignisse generieren können. Er hält Freiheit und die moralische Integrität freier Kreaturen für einen hohen Wert und hat daher eine Welt geschaffen, in der diese Freiheit möglich ist. Gott vermag seine Geschöpfe zu verstehen, und darum macht es Sinn, zu ihm zu beten. Gott ist somit den Menschen gegenüber auf vielerlei Weisen offen.

Der offene Theismus versteht sich selbst als orthodoxe Verteidigung der in den Offenbarungsschriften skizzierten Gotteskonzeption. Tatsächlich berufen sich seine Vertreter auf zahlreiche Stellen vor allem des Alten Testaments, um ihre Konzeption von Gott zu stützen. Auf dieser Grundlage entwickelt der offene Theismus eine radikale Kritik am klassischen Theismus, während er zugleich seinerseits aus klassischer Sicht einer Häresie nahekommt, weil der offene Theismus die Perfektion Gottes bestreitet.

9.19 *Kritik am offenen Theismus*

Der offene Theismus verlässt das Programm der rationalen Theologie, denn er beruft sich zur Begründung seiner Position einzig und allein auf sogenannte Offenbarungsschriften, die von der rationalen Theologie nicht als Grundlage theologischer Begründungen anerkannt werden.

Demgegenüber ist es aus Sicht der rationalen Theologie durchaus zulässig und sogar naheliegend, den Gottesbegriff in Begriffen einer akzeptablen philosophischen Metaphysik zu erklären, wie dies in der klassischen Antike üblich war und von klassischen Theisten konkret ausgearbeitet wurde. Ein weiteres Beispiel dafür ist der neuere Prozess-Theismus, der allerdings von einer Metaphysik ausgeht, die sich von der klassisch-griechischen Metaphysik deutlich unterscheidet. Dieser Ansatz hat auch Konsequenzen für den Gottesbegriff.

Prozess-Theismus

Der Prozess-Theismus fußt nicht auf religiösen Annahmen aus Offenbarungsschriften, sondern auf einer speziellen Version der philosophischen Metaphysik, die von Alfred North Whitehead (1861–1947) ausgearbeitet wurde.

9.20 *Prozess-Theismus*

(1) Die Kategorien von Entstehung, Veränderung und Zeit sind grundlegend für die Metaphysik.
(2) Konkrete reale Dinge sind durch ihre Fähigkeit gekennzeichnet, zu agieren und zu reagieren.
(3) Jedes konkrete reale Ding weist eine minimale Fähigkeit zu agieren und damit zumindest eine minimale Selbst-Determination auf.
(4) Die Fähigkeit, durch Agieren auf andere Dinge einzuwirken, ist entsprechend (1) und (2) die Fähigkeit, auf Dinge einzuwirken, die selbst ebenfalls eine minimale Fähigkeit der Selbst-Determination aufweisen.

(5) Die Thesen (1)–(4) gelten auch für Gott, der allerdings zusätzlich ein ultimativer Schöpfer des Universums ist.

Daraus folgt, dass Gott nicht, wie der klassische Theismus behauptet, der alleinige Schöpfer aller Dinge ist. Seine ewige Existenz ist zwar nicht abhängig von den Aktionen anderer Geschöpfe, doch können die schöpferischen Aktionen anderer Geschöpfe in Gott etwas erschaffen, wie etwa, ihre schöpferischen Aktionen zu erkennen. Zudem findet Gottes Schöpfungsakt wie jeder andere Schöpfungsakt auch in der Zeit statt. Es gibt keinen ersten zeitlichen Anfangspunkt des Universums. Prozess-Theisten verweisen darauf, dass es in der Bibel keine klare Aussage zum Anfang und Ende der Welt gibt.

Dem Prozess-Theismus zufolge stellt Kreativität das ultimative metaphysische Prinzip dar, und zwar nicht insofern Kreativität die ultimative Realität ist, sondern insofern alle existierenden, realen Dinge – Gott eingeschlossen – kreativ sind. Es besteht keine scharfe ontologische Differenz zwischen Gott als kreativem Wesen und seinen Geschöpfen als nicht-kreativen Wesen, wie es der klassische Theismus behauptet. Das bedeutet auch, dass es keine scharfe Unterscheidung zwischen dem Natürlichen (das Geschehen unter Gottes Geschöpfen) und dem Über-Natürlichen (die Aktionen Gottes) gibt.

Die Prozess-Theisten betonen, dass sie nur teilweise vom klassischen Theismus abweichen. Sie unterscheiden zwischen der Existenz und Essenz Gottes auf der einen Seite und seiner Aktualität und Prozessualität auf der anderen Seite. In Hinsicht auf seine Existenz und Essenz besitzt Gott dem Prozess-Theismus zufolge auch jene Eigenschaften, die ihm vom klassischen Theismus zugesprochen werden, also Notwendigkeit der Existenz, Unendlichkeit, Unabhängigkeit, Unveränderlichkeit, Gefühllosigkeit. Doch ist seine Aktualität prozesshaft, kontingent, endlich, abhängig, veränderlich und gefühlvoll. Kurz: Gott ist kein transzendentes Wesen, sondern Bestandteil eines ewigen Universums.

9.21 *Kritik am Prozess-Theismus*

(1) Die Prozess-Metaphysik beruht auf einem undurchsichtigen Konzept von Kreativität, das von den gegenwärtigen Naturwissenschaften nicht gedeckt wird.
(2) Die prozess-theoretische (und aristotelische) These, dass das Universum ewig ist, muss der gegenwärtigen Astrophysik zufolge als falsch bezeichnet werden: Wir müssen derzeit davon ausgehen, dass unser Universum einen Anfang hatte und daher nicht ewig ist.

Einer der Grundgedanken des Prozess-Theismus findet sich auch in weiteren einflussreichen theistischen Positionen wieder, dass nämlich Gott enger mit dem Universum und der Natur verbunden ist, als es der klassische Theismus wahrhaben will. Dies gilt etwa für eine historisch wirkungsmächtige Version des frühneuzeitlichen Theismus, nämlich den Deismus.

Deismus

In der europäischen Aufklärung wurde der Deismus von Philosophen und Naturwissenschaftlern weithin akzeptiert, unter anderem von François-Marie Arouet, genannt Voltaire (1694–1778) und Isaac Newton (1643–1727), aber auch von Gotthold Ephraim Lessing (1729–1781). Eine radikale Form des Deismus wurde von Thomas Hobbes (1588–1679) und im frühen 18. Jahrhundert von religiösen Freidenkern wie John Toland (1670–1722) und Anthony Collins (1676–1729) vertreten.

9.22 *Deismus*

(1) Moderater Deismus

(a) Gott hat das Universum zusammen mit den Naturgesetzen geschaffen, greift jedoch nicht in den weiteren Verlauf des Universums und seiner Bestandteile ein.

(b) Gott ist ein extrem intelligenter Geist, aber nicht eine Person, zu der wir beten und die wir um Beistand bitten könnten.

(c) Es gibt keine Wunder.

(d) Religiöser Aberglaube, Fanatismus und Supernaturalismus sind zurückzuweisen.

(e) Jesus Christus war nicht Gottes Sohn und ist auch nicht wiederauferstanden, sondern war ein bedeutender moralischer Lehrer, der am Kreuz gestorben ist.

(f) Die Theologie muss mit den Naturwissenschaften vereinbar sein.

(2) Radikaler Deismus

Es gilt nur These (1) (a) des moderaten Deismus. Darüber hinaus können wir nichts von Gott wissen.

Die moderaten und radikalen Deisten vertreten eine deutlich artikulierte Version der rationalen Theologie. Sie kritisieren kirchliche Institutionen und die offizielle katholische Lehre. Sie verwerfen die religiösen Offenbarungsschriften als akzeptable Quelle des religiösen Glaubens. So gesehen plädieren die Deisten mit Nachdruck für religiöse Toleranz. Jeder Mensch soll nach seiner Fasson selig werden. Darunter fallen auch Meinungen über Gott, die über die deistische Gotteskonzeption in 9.22 hinausgehen. Doch dürfen diese spekulativen und rational nicht gedeckten religiösen Meinungen, wie die Deisten immer und immer wieder betonen, auf keinen Fall zu Streitereien und schon gar nicht zu gewalttätigen Übergriffen oder gar zu Kriegen führen.

Die moderaten Deisten greifen nicht nur auf den kosmologischen, sondern auch auf den teleologischen Gottesbeweis zurück. Aus dem teleologischen Gottesbeweis folgt, dass Gott ein überragend intelligenter Geist sein muss (9.34). Die radikalen Deisten akzeptieren dagegen nur den kosmologischen Gottesbeweis (9.33). Insofern sie konsequente Materialisten wie etwa Hobbes waren, haben sie Gott daher eine einzige weitere Eigenschaft neben der kausalen Urheberschaft des Universums zugeschrieben, nämlich materiell und insofern auch ausgedehnt zu sein.

Für die radikalen Deisten läuft der Deismus auf eine minimalistische und negative Theologie hinaus. Unter »Gott« können wir uns vernünftigerweise nur vorstellen, dass er eine physikalische Größe ist, nämlich die Ursache des Universums und seiner Ordnung. Insofern ist Gott Teil der Natur und mit dem Universum kausal verknüpft. Darüber hinaus können wir über Gott nichts Positives wissen, sondern wir können nur wissen, was er nicht ist. Hobbes betont in diesem Zusammenhang, dass insbesondere die anthropomorphistischen Zuschreibungen idealisierter menschlicher Eigenschaften (wie Emotionen, Wille oder Wahrnehmungen) falsch sind, weil diese Zuschreibungen eines Gottes nicht würdig sind. Wir können nicht wissen, dass Gott eine Person mit mentalen Zuständen ist, dass er auf menschenähnliche Weise handelt und sich um die Menschen sorgt. John Toland und Anthony Collins haben die negative Theologie in einen deistischen Agnostizismus transformiert, der behauptet, dass wir gar nichts über Gott wissen können – nicht einmal, ob er überhaupt existiert oder das Universum geschaffen hat.

Der Panentheismus und der Pantheismus postulieren eine ganz andere Verbindung zwischen Gott und Natur. Allerdings sind diese beiden Positionen voneinander grundverschieden. Aus metaphysischer Perspektive neigt der Panentheismus zum Idealismus und geht von einem personalen Gottesbegriff aus. Der Pantheismus dagegen neigt eher dem Naturalismus zu und geht von einem nicht-personalen Gottesbegriff aus.

Panentheismus

9.23 *Panentheismus*

(1) Gott und Universum sind derart miteinander korreliert, dass Gott im Universum ist und das Universum in Gott ist.
(2) Gott wird vom Universum beeinflusst.
(3) Gott ist nicht identisch mit dem gesamten Universum, sondern es gibt neben Gott einen nicht-göttlichen Bereich des Universums, der in verschiedenen Hinsichten für das Geschehen im Universum relevant ist.

Diese Position knüpft an den offenen Theismus und den Prozess-Theismus an. Mit These (2) distanziert der Panentheismus sich jedoch vom klassischen Theismus (9.14), und mit These (3) bestreitet er den Pantheismus (9.25).

Historisch gesehen wurde die Idee des Panentheismus erstmals im Rahmen der Philosophie des Deutschen Idealismus deutlich artikuliert. Schelling (1775–1854) und Hegel (1770–1831) beschreiben Gott als eine geistige Entität, die eng mit dem Universum korreliert, aber nicht mit dem Universum identisch ist. Vielmehr entwickelt sich Hegel zufolge Gott als Weltgeist in Gestalt der Entwicklung des Universums und insbesondere der menschlichen Kultur (siehe dazu genauer unten 9.61).

Die Präzisierung der wechselseitigen Beziehung zwischen Gott und Welt ist entscheidend, wenn der Panentheismus sich überzeugend vom klassischen Theismus und vom Pantheismus absetzen will. In der gegenwärtigen Debatte (vgl. hierzu und zum Folgenden Culp 2021) dieses Problems hat es dazu viele verschiedene Vorschläge gegeben. Ihre jeweilige Form hängt wesentlich von den Ontologien ab, mit deren Hilfe die Existenzweise von Gott und Welt beschrieben wird. So macht es hier etwa einen bedeutenden Unterschied, ob man glaubt, dass der Geist unabhängig von jeder Materie oder physikalischer Energie existieren kann oder nicht. Einer dieser Vorschläge greift etwa die Idee von der Weltseele auf und beschreibt Gott als Seele des Universums. Ein anderer Vorschlag kennzeichnet das Verhältnis von Gott zur Welt als göttliche Liebe und Sorge um die Welt. Gottes Liebe zur Welt sucht den Anderen in der Welt und dessen freie Reaktion. Gott leidet mit den Menschen und arbeitet mit ihnen zusammen, um ihr Leiden zu verringern. Diese Wechselbeziehung schließt eine Entwicklung ein, die unter anderem auch einen Wechsel zwischen Rückzug und Annäherung enthält. Die Schöpfung ist nicht ein Resultat der freien Selbstbestimmung des Weltgeistes, wie Hegel annahm, sondern der Liebe Gottes zur Schöpfung. Eine der Konsequenzen dieser Form des Panentheismus besteht darin, dass die Allmacht Gottes bestritten wird.

Einige Vorschläge zur panentheistischen Erläuterung der wechselseitigen Beziehung zwischen Gott und Welt greifen auf die moderne Wissenschaft zurück. Diese Vorschläge gehen zum Teil von einem Bild des Universums aus, das die frühmodernen Metaphern eines mechanistischen Systems überwindet. Das Universum sei ein äußerst komplexes Gebilde, das funktional organisiert ist (9.12.3), so dass das Ganze mehr ist als seine Teile. Zudem weist das hochkomplexe Universum eine innere kreative Dynamik auf, die durch Prozesse der Emergenz gekennzeichnet ist und zu immer höheren und komplexeren Ebenen führt. Die emergenten Prozesse, die in der modernen

Physik meist als Zufallsereignisse betrachtet werden, sind dem Panentheismus zufolge das Resultat göttlicher Aktivität. Insofern operiert Gott in der Welt. Doch ist Gott nicht zugleich ontologisch identisch mit seinen Aktivitäten, sondern steht als Akteur jenseits seiner Aktivitäten und folglich auch außerhalb der Welt. Auf diese Weise soll die panentheistische Balance zwischen der Transzendenz und Immanenz Gottes ausbuchstabiert werden.

Diese Balance stellt ein grundlegendes Problem dar, dem sich alle wichtigen Spielarten des christlichen Theismus stellen müssen und auch zu stellen versuchen. Zum Teil betonen einige deshalb die Transzendenz (wie im klassischen Theismus), zum Teil eher die Personalität (wie im personalen und offenen Theismus). Auch die christliche Lehre von der Trinität Gottes (Vater, Sohn und der Heilige Geist) stellt letztlich einen Versuch dar, dieses Problem zu bewältigen. Allerdings gibt es auch theistische Positionen, die von dieser Problematik nicht berührt werden. Zu diesen gehört unter anderem der Pantheismus.

9.24 *Kritik am Panentheismus*

(1) Der Panentheismus stellt bislang keine eindeutig identifizierbare Position dar, weil es für die – panentheistisch grundlegende – wechselseitige Beziehung zwischen Gott und nicht-göttlichem Universum viele Modelle gibt, die teilweise erheblich voneinander abweichen.
(2) Aufgrund von (1) bleibt auch der panentheistische Gottesbegriff vage.
(3) Für den Problemfall Gott wird die Differenz zwischen Dingen in der Welt und den semantisch auf diese Dinge bezogenen Repräsentationen (9.8) aufgehoben. Gott denkt, dass p der Fall ist, genau dann, wenn

p der Fall ist. Gott kann daher keine Repräsentationen entwickeln, so dass fraglich bleibt, ob der Panentheismus überhaupt noch von mentalen Zuständen reden kann.

Pantheismus

Der Pantheismus zeichnet sich vor allem durch die Annahme einer Identität von Gott und Universum aus:

9.25 *Pantheismus*

(1) Gott ist identisch mit dem Universum.
(2) Das Universum entsteht nicht aus dem Nichts.
(3) Es gibt nichts außerhalb von Gott, und Gott weist keine Transzendenz und keinerlei Distanz gegenüber dem Universum auf.
(4) Gott ist keine Person.

Offensichtlich folgen (2)–(4) aus (1), wobei (2) betont, dass der Pantheismus nicht auf die klassisch-theistische Idee von einem Schöpfergott festgelegt ist. Tatsächlich bildet der Pantheismus genauer betrachtet eher eine Familie von Positionen, die zwar alle (1) und (2) akzeptieren, sich aber ansonsten zum Teil deutlich voneinander unterscheiden.

Eine pantheistische Einstellung entsteht oft, wenn wir auf das Universum und seine Teile in irgendeiner Form religiös reagieren. Wenn wir das Universum betrachten, kann sich ein Gefühl der Ehrfurcht, Einbettung und Identifizierung mit der Natur und dem Universum insgesamt einstellen: Gott scheint überall zu sein. Pantheistische Gefühle dieser Art begegnen in vielen alten Kulturen, aber auch in der klassischen und romantischen Literatur des Westens. Im Rahmen der rationalen

Theologie wird der Pantheismus dagegen vor allem im Blick auf den klassischen Theismus (9.14) diskutiert.

Auf den ersten Blick scheinen sich klassischer Theismus und Pantheismus dadurch eindeutig voneinander zu unterscheiden, dass der klassische Theismus die pantheistischen Thesen 9.25 (1)–(3) ablehnt. Der klassische Theismus geht jedoch unter anderem von der Omnipräsenz Gottes aus. Es ist kaum möglich, die These von der göttlichen Omnipräsenz von der pantheistischen These 9.25 (1) abzugrenzen. Auch die Allwissenheit Gottes, die Gott von klassischen Theisten zugeschrieben wird, scheint pantheistische Konsequenzen zu haben: Versteht man Wissen im üblichen erkenntnistheoretischen Sinn, dann ist Wissen eine wahre gerechtfertigte Meinung, doch gilt dies in den meisten Fällen mit dem fallibilistischen Vorbehalt, dass wir nie sicher wissen können, ob wir etwas tatsächlich wissen. Wissen kann sich als vermeintliches Wissen und damit als trügerisch erweisen. Würde Gott in diesem Sinne alles wissen, was gewusst werden kann, so wäre er abhängig von der Realität, denn die Realität, also seine eigene Schöpfung, würde dann darüber entscheiden, ob Gott wirklich etwas weiß. Daher muss seine Allwissenheit bedeuten, dass sein Wissen unfehlbar ist. Gott weiß, dass X der Fall ist, dann und nur dann, wenn X der Fall ist. Sollte dies aber für jeden Bestandteil der Welt gelten, ließe sich nicht mehr klar unterscheiden zwischen dem, was Gott weiß, und dem, was existiert. Gottes Allwissen würde mit der Existenz des Universums zusammenfallen. Und das ist eine pantheistische These.

Der bedeutendste moderne Pantheist, Baruch de Spinoza (1632–1677), geht von einem Substanzbegriff aus, der an die aristotelische Metaphysik anknüpft. Für Aristoteles ist X dann eine Substanz, wenn die Existenz von X nicht von der Existenz anderer Dinge abhängt. Substanzialität bedeutet autonome Existenz. Gott muss auch nach klassisch-theistischen Vorstellungen eine Substanz sein. Doch scheint er auch die einzige Substanz zu sein, da er das Universum erschaffen hat und somit kein anderes reales Ding eine autonome Existenz besitzt. Gott bildet die metaphysische Grundlage des Universums und kann daher metaphysisch gesehen nicht scharf vom Universum getrennt werden. Gott schließt das Universum metaphysisch ein, denn letztlich würde es mit der göttlichen Substanz nur eine einzige Entität geben. Alle anderen existierenden Dinge wären nur Teile oder Aspekte oder spezifische Formen der göttlichen Substanz. Und diese Folgerung läuft letzten Endes auf den Pantheismus hinaus.

Hegel und die britischen Idealisten haben später ähnlich über »das Absolute« geredet. Sie sind wie schon Spinoza und die klassischen Theisten davon überzeugt, dass eine angemessene rationale Theologie von einer avancierten philosophischen Metaphysik auszugehen hat.

Die pantheistische These 9.25 (1) kann je nachdem, welcher Identitätsbegriff zugrunde gelegt wird, unterschiedlich verstanden werden. Die weitaus meisten Pantheisten verstehen die Identität von Gott und Welt nicht in dem strikten Sinn, dass keinerlei Unterschiede zwischen Gott und Welt bestünden, sind aber geteilter Meinung darüber, um welche Art von Identität es sich handeln soll. Das einflussreiche Spinoza-Modell versteht Gott und Welt als substantiell miteinander identisch: Es gibt eine und nur eine existentiell autonome Substanz, die wir den einen Gott oder das eine Universum nennen können, *insofern* beide Entitäten, und nur diese beiden Entitäten, existentiell autonom sind. Damit ist aber nicht ausgeschlossen, dass kontingente Unterschiede zwischen Gott und dem Universum bestehen, etwa, dass das Universum Materie enthält, Gott jedoch nicht. Andere Pantheisten halten Gott und Universum deshalb für miteinander identisch, weil Gott die metaphysische Essenz des Universums oder weil Gott das teleologische Ziel der Entwicklung des Universums ist. Auch diese Vorschläge wären mit der Tatsache vereinbar, dass Unterschiede zwischen Gott und dem Universum bestehen.

Der Pantheismus ist nach 9.25 (4) nicht darauf festgelegt, eine Schöpfungslehre zu sein. Einige Pantheisten vertreten jedoch eine Emanationstheorie: Das Universum fließt aus Gott heraus (»emaniert aus Gott«). Das bedeutet, dass das Universum bereits implizit oder potentiell »in« Gott enthalten war und dass Gott nach der Emanation im Prinzip in allen Dingen vorhanden ist, also dass Gott in höchstem Sinn mit dem Universum korreliert ist.

9.26 *Kritik am Pantheismus*

(1) Die Begriffe von Einheit und Identität werden im Rahmen des Pantheismus unterschiedlich verstanden.
(2) Die pantheistische Metaphysik wird im Rahmen des Pantheismus unterschiedlich ausbuchstabiert.
(3) Aufgrund von (1) und (2) stellt der Pantheismus nicht nur ein Bündel unterschiedlicher Positionen dar, sondern weist bislang auch keine klare theoretische Kontur auf.

Minimaler abrahamitischer Theismus

Angesichts der zahlreichen unterschiedlichen Gottesbegriffe geht die gegenwärtige rationale Theologie oft von einem Gottesbegriff aus, der diejenigen Eigenschaften Gottes angeben soll, auf die sich die führenden abrahamitischen Religionen (Islam, jüdische Religion, Christentum) gemeinsam verpflichten können. Alle abrahamitischen Religionen verstehen Gott als maximal groß. Ein maximal großer Gott muss insbesondere ein perfekter, unendlicher, immaterieller Geist sein, der außerdem allgegenwärtig, allmächtig, allwissend und allgütig ist.

Man könnte Gott auch als unendliches Ich-Subjekt verstehen. Diesem Vorschlag zufolge wäre Gott nicht nur ein Geist, sondern auch ein Subjekt (wenn vielleicht auch keine Person), während seine Unendlichkeit die weiteren, im ersten Vorschlag angeführten Eigenschaften einschließen würde. Diese Eigenschaften schließen ihrerseits ein, dass Gott ein Denker ist, dass Gott also Gedanken zu entwickeln vermag.

9.27 *Minimaler abrahamitischer Theismus*

(1) Den abrahamitischen Religionen zufolge ist Gott ein maximal großes (also unendliches) Subjekt.

(2) Aus (1) folgt:
  - (a) Gott ist ein immaterieller Geist und Denker, und
  - (b) Gott ist in jeder wichtigen Hinsicht perfekt, also allgegenwärtig, allmächtig, allwissend und allgütig.

Eine avancierte Ausbuchstabierung des minimalen abrahamitischen Theismus wurde von Holm Tetens vorgelegt (vgl. 9.65–9.68 und die Kritik 9.69).

Im Rahmen des Theismus werden aber auch Positionen vertreten, die Gott nicht als Person vorstellen. In solchen Fällen wird daher oft von einem unpersönlichen Gottesbegriff gesprochen. Doch es ist wichtig, nicht zu übersehen, dass Gott im Kontext dieser Positionen auch nicht als Subjekt und nicht einmal als geistige Entität verstanden wird. Im Folgenden sollen einige Beispiele für diese Art der rationalen Theologie vorgestellt werden.

Abstrakter Theismus

Der Vorschlag, Gott als abstraktes Wesen ohne mentale Eigenschaften zu fassen, wird gegenwärtig oft im Rahmen von Versuchen deutlich, die Theologie wieder mit einem modernen, wissenschaftlich geprägten Weltbild zusammenzuführen. Die Theologie von Wolfhart Pannenberg bindet sich explizit in das Programm der rationalen Theologie ein. Dieser umfassende und detaillierte Entwurf geht davon aus, dass der Sinn der Welt und der Stellung des Menschen in der Welt ohne Bezug auf Gott nicht verstanden werden kann.

Gott ist für Pannenberg die alles bestimmende Wirklichkeit. Doch kritisiert er die traditionelle Auffassung von Gott als einem übermenschlichen, allwissenden Geist und schlägt stattdessen vor, Gott als eine Art von unermesslichem Kraftfeld zu denken, also als eine dynamische, aber gleichfalls abstrakte Struktur, die sich auch materialisieren kann. Die Materialisierung des göttlichen Feldes stellt die Grundlage der Schöpfung des Universums durch Gott dar. Diese Gotteshypothese soll und kann aber nicht nur den Anfang, sondern auch das eschatologische Ende des Universums, der Geschichte und insbesondere der Menschheit erklären. Genauer formuliert erschließt diese Hypothese den Sinn der Geschichte des Universums und der Menschheit von ihrem Ende her, an dem sich die Menschheit mit sich selbst versöhnt und in die Gemeinschaft mit Gott eintritt. Insofern kann die endliche Geschichte der Menschheit, so Pannenberg, durch diese Gotteshypothese besser verstanden werden als ohne sie, und aus diesem Grunde sei es rational, diese Gotteshypothese zu akzeptieren.

Die Idee, Gott als eine Art von Kraftfeld zu konzipieren, ist nicht neu, sondern hat einen historischen Vorläufer. Die antiken Stoiker waren erklärte Materialisten. Doch war nach deren Auffassung das entscheidende Kriterium für materielle Existenz die Fähigkeit zu agieren und auf Aktionen zu reagieren. Der Kosmos war für sie eine Art von Lebewesen, und Gott verhielt sich zum Kosmos wie die Lebenskraft zu gewöhnlichen Lebewesen. Gott war für sie zugleich Geist, Rationalität, Kraft und feine Materie – eine Kraft, die den Kosmos durchdringt, ihn zusammenhält, bewegt und strukturiert.

Die Stoiker identifizieren Gott mit einem von zwei ersten und grundlegenden Prinzipien des Kosmos. Das eine dieser Prinzipien ist strukturlose Materie, die Einflüsse erleidet, aber selbst keinen Einfluss ausüben kann. Das zweite Prinzip ist die strukturierende Kraft, die einerseits ein energiegeladenes Wesen, andererseits aber auch eine Kombination aus feiner Materia, nämlich Feuer und Luft ist, eine Art heißer Hauch (*pneuma*), der zugleich eine Spannung enthält, aufgrund deren er sich ständig nach außen und nach innen bewegt, also hin und her oszilliert und fluktuiert. Diese göttliche oszillierende Kraft durchdringt das gesamte Universum und ist überall im Kosmos präsent.

9.28 *Gott als unpersönliches Kraftfeld (Pannenberg, Stoiker)*

(1) Pannenberg:
- (a) Gott ist ein immaterielles dynamisches Feld, das die gesamte Realität ausmacht.
- (b) Das göttliche Feld enthält Energie und kann sich materialisieren. Eine seiner Materialisierungen ist die Schöpfung.
- (c) Seine dynamische Aktivität steuert die Geschichte des Universums und insbesondere der Menschheit auf ein eschatologisches Ende zu.
- (d) An diesem Ende versöhnt sich die Menschheit mit sich selbst und tritt in die Gemeinschaft mit Gott ein.

(e) Die Hypothesen (a)–(d) erschließen und erklären, anders als die Physik, den Sinn der Geschichte.

(2) Stoische Philosophie (Stoa):
   (a) Gott ist eine energetische und zugleich materielle Kraft.
   (b) Die göttliche Kraft durchdringt, strukturiert und stabilisiert das gesamte Universum.
   (c) Der materielle Aspekt Gottes lässt sich als Kombination aus Feuer und Luft beschreiben.
   (d) Das göttliche Kraftfeld enthält eine Art von Spannung und führt ständig fluktuierende, oszillierende Bewegungen aus.

Nach 9.28 (1) (a) stellt Pannennbergs Vorschlag eine moderne Variante des Pantheismus dar, die auf den physikalischen Feldbegriff zurückgreift und in Gestalt von 9.28 (1) (b) einen der Grundgedanken der speziellen Relativitätstheorie aufnimmt. Die Thesen 9.28 (1) (c)–(e) stellen dagegen den Versuch dar, die theologische Eschatologie der abrahamitischen Religionen in die Gotteshypothese zu integrieren. Entsprechend 9.28 (2) ringt der stoische Theismus ähnlich wie bereits Aristoteles mit der Erläuterung der Energie im modernen Sinne, ohne diese Idee hinreichend klären zu können. Bemerkenswert ist der Hinweis auf die Fluktuationen des göttlichen Kraftfeldes (vgl. unten, 9.86.4 zu Quantenfluktuationen und zum physikalischen Nichts).

9.29 *Kritik der theologischen Feldtheorie*

(1) In der Physik beschreibt ein Feld die Verteilung einer bestimmten physikalischen Größe im Raum. Dabei werden den Punkten oder Teilgebieten des Feldes bestimmte Werte der zugrundeliegenden physikalischen

Größe zugeordnet. Beispiele bieten das Temperaturfeld, das Geschwindigkeitsfeld, das Kraftfeld, das elektrische Feld, das Magnetfeld und das Higgs-Feld.

(2) Die theologische Feldtheorie identifiziert Gott jedoch nicht einfach mit irgendeinem physikalischen Feld (und auch nicht mit dem Kraftfeld, für das der Kraftbegriff der klassischen Physik grundlegend ist), sondern vereinigt in sich jede Art von Energie. Eine solche Synthese aller möglichen Kräfte ist jedoch empirisch nicht gedeckt und lässt den Kraftbegriff sowie seine Dynamik offen. Insbesondere bleibt unklar, ob das göttliche Kraftfeld irgendwelchen Symmetrien oder gar Naturgesetzen gehorcht. Für die stoische Variante steht zudem noch nicht, anders als bei Pannenberg, ein klarer Begriff von physikalischer Energie und physikalischen Feldern zur Verfügung.

(3) Pannenbergs These, dass die Geschichte des Universums und der Menschheit ein Ende haben muss, das den Sinn dieser Geschichte erschließt, ist eine ad hoc-Hypothese (also eine Hypothese, die ausschließlich für ein ganz spezielles Problem eingeführt wird, ansonsten aber keine weitere Erklärungskraft aufweist), mit einem Begriff von Sinn, der auf Wunschdenken zu beruhen scheint.

Konzeptionen unpersönlicher Götter sind nicht nur in der Moderne vertreten worden. Vielmehr sind, wie bereits kurz erwähnt, die historisch einflussreichsten antiken Versionen der rationalen Theologie von einer unpersönlichen Gottheit ausgegangen: die hinduistische, platonische, aristotelische und neuplatonische Theologie. Der überragende Einfluss dieser theologischen Vorschläge bis in die Moderne hinein ist vor allem auf ihren systematischen und theoretischen Anspruch zurückzuführen, die rationale Theologie in ein Netz metaphysischer Hintergrund-Theorien einzubetten.

Der Hinduismus stellt keine einheitliche Lehrmeinung dar, sondern besteht aus vielen verschiedenen religiösen Bewegungen, die fast immer auch von polytheistischen Überzeugungen ausgehen. Alle Spielarten des Hinduismus berufen sich jedoch auf die Tradition der Veden, abgesehen vom Buddhismus, der eine späte Weiterentwicklung des Hinduismus ist. Weitere Gemeinsamkeiten stellen das Kastenwesen und der Glaube an die Wiedergeburt dar. Oft steht im Hinduismus ein lokaler Polytheismus neben einem strengen Monotheismus. Im Rahmen des polytheistischen Hinduismus wird meist eine bestimmte, bevorzugte Gottheit ins Zentrum gerückt, der Ishvara. Doch die höchste göttliche Entität, auf die alle hinduistischen Formen des Göttlichen zurückgehen, ist das unpersönliche, unwandelbare Absolute, das Brahman. Einige hinduistische Bewegungen verstehen alle polytheistischen Götter als Erscheinungsformen des Brahman, andere identifizieren nur ihren jeweils bevorzugten Gott mit dem Brahman. Zum Teil gilt Brahman als göttliche subjektive Entität mit bestimmten Attributen (das »saguna Brahman«). Allerdings ist das Brahman ohne Attribute (das »nirguna Brahman«) *Advaita Vedanta* zufolge das »eigentliche«, reale Brahman, während das saguna Brahman letztlich eine Illusion ist, die nur als Hilfsvorstellung für den intellektuellen Aufstieg zum eigentlichen Brahman dient.

Advaita Vedanta (wörtlich »Nicht-Zweiheit« oder »Monismus«, die zentrale hinduistische Lehre) beschreibt Brahman als ultimative Realität, die weder Teile noch Eigenschaften hat und daher keine innere Diversität, keine innere Pluralität aufweist. Brahman ist zugleich identisch mit der gesamten Realität, so dass es nichts außerhalb von Brahman gibt. Brahman weist daher insbesondere keine Eigenschaften wie Allmacht,

Güte, Subjektivität oder Personalität auf. Brahman kann kein kausaler Agent sein und sich nicht selbst denken, denn beides würde eine elementare Pluralität voraussetzen.

Die hinduistische Theologie geht in metaphysischer Hinsicht von einem Kreislauf von Geburt, Tod und Wiedergeburt aus. Die Erlösung aus diesem Kreislauf (»Moksha«) ist das höchste Ziel und Glück des Menschen. Doch die Erlösung wird unterschiedlich gedeutet, so etwa als Erkennen der Realität und insbesondere der Gleichheit des Einzelnen mit dem absolut Höchsten, mit Brahman. Erkenntnis führt zu Moksha. Die Erlösung wird nach dieser Deutung während des menschlichen Lebens erreicht, nicht erst nach dem Tod des Körpers.

Eine andere Variante des Hinduismus versteht die menschliche Einzelseele als grundsätzlich von Brahman getrennt. Aus dieser Sicht ist die Erlösung erst nach dem endgültigen Tod im höchsten Himmel möglich und besteht dann in der ewigen, glücklichen Gemeinschaft mit Brahman.

Die platonische Philosophie konzipiert Gott vor dem Hintergrund der platonischen Metaphysik, insbesondere der Formenlehre. Die grundlegende Idee der platonischen Metaphysik ist, dass alle Dinge, die es in der Welt gibt und die wir erkennen können, strukturierte Dinge sind. Der Mensch Sokrates ist ein Ding, das eine Struktur (»Form« genannt) realisiert, die für die funktionale Organisation eines menschlichen Lebewesens verantwortlich ist. Während Sokrates ein Wesen aus Fleisch und Blut ist, also Materie enthält und wahrnehmbar ist, müssen wir seine Form, die er mit allen anderen Menschen teilt, als immaterielle, nicht-wahrnehmbare und universelle Struktur verstehen. Diese Einsicht führt unter anderem zu einer genaueren metaphysischen Untersuchung von Strukturen. Gegenüber strukturierten Dingen wie etwa einzelnen wahrnehmbaren Dingen, die gewisse Strukturen realisieren, weisen abstrakte immaterielle Strukturen selbst einen höheren Grad an Einheit auf. Doch genauer betrachtet weisen auch sie eine gewisse Vielfalt auf. So können sie etwa definiert werden, und ihre Definitionen bestehen durchweg aus Angaben mehrerer Eigenschaften. Und sie können auch mehr oder weniger Vielfalt aufweisen. Das höchste Prinzip der Formenlehre ist die Struktur aller Strukturen – das Prinzip des Einen, das wie Brahman keinerlei innere Vielfalt aufweist und durch ein Prinzip des Vielen, also ein Prinzip der Pluralität, ergänzt wird. Das Einheitsprinzip ist der metaphysische Gott Platons (und das Vielheitsprinzip der metaphysische »Teufel«). Der platonische Gott durchwirkt kontinuierlich und ewig das Universum der realen Dinge, ist allerdings in dieser Aktivität nicht allein, sondern kooperiert mit dem Vielheitsprinzip.

Das Prinzip des Einen, der Struktur, der Ordnung ist aber auch das Prinzip des Guten. Denn es gibt Dinge, deren Struktur auch ein bestimmtes Werk, also eine Funktion, definiert. Eine optimale Funktionalität kann als Tugend bezeichnet werden. Messer haben etwa die Funktion, andere Dinge zu zerschneiden, und müssen dafür eine scharfe Struktur aufweisen. Die Tugend des Messers besteht darin, eine scharfe Struktur aufzuweisen, so dass es seine Funktion, andere Dinge zu zerschneiden, optimal erfüllen kann. Diese Überlegung gilt im Prinzip auch für Menschen. Funktionale Strukturen der Seele sind bekannte Tugenden wie etwa Mut oder Besonnenheit. Insofern hat der platonische unpersönliche Gott auch eine ethische Dimension und wurde daher auch »das Gute« (oder genauer »das Prinzip des Guten«) genannt. Die Erkenntnis des platonischen Gottes mit seiner ethischen Dimension beweist, dass wir am Göttlichen teilhaben, und diese Teilhabe an Gott oder genauer: die Einsicht in diese Teilhabe, motiviert uns zum Versuch, ein gutes Leben zu führen. Auf diese Weise können wir uns bereits im Diesseits mit unserem individuellen Leid und Unglück versöhnen.

Für Aristoteles ist die Physik die Wissenschaft von den bewegten Dingen – vor allem von den Dingen, die das Prinzip der Bewegung in sich tragen. Daher kann er die Existenz und Eigenschaften Gottes aus seiner Physik ableiten. Dabei spielen drei physikalische Prämissen eine wichtige Rolle:

(P1) Das Universum hat keinen Anfang und kein Ende, sondern besteht ewig.
(P2) Jede Bewegung muss eine Ursache haben.
(P3) Die Bewegungen der Sterne sind auf ewige Zeiten gleichförmig.

Diese Prämissen legen den Schluss nahe, dass es einen ersten unbewegten Beweger geben muss, der als letzte Ursache aller Bewegungen vor allem die Bewegungen der Sterne, indirekt aber auch die Bewegungen aller anderen Dinge im Kosmos lenkt, und der als ultimative immaterielle Substanz ein Geist ist.

Dieser unbewegte Beweger ist der aristotelische Gott. Er ist keine Person und hat keine Teile, zeigt aber dennoch eine kontinuierliche immaterielle Aktivität, oder moderner ausgedrückt: eine immaterielle Energie, auf der das Universum beruht. Das Paradigma einer immateriellen Energie ist das Denken, das seinerseits geistigen Wesen eigen ist. Entsprechend konzipiert Aristoteles seinen unpersönlichen Gott als unpersönlichen Geist, der sich selbst (und nichts anderes) denkt.

Der unbewegte Beweger ist ein Gott, kann aber vom Menschen erkannt werden und ist mit dem Besten im Menschen verknüpft. Er bewegt alle Dinge im Universum insbesondere auch dazu, ihr höchstes Ziel anzustreben, nämlich als endliche Wesen in jeweils spezifischen Formen am Göttlichen teilzuhaben. Die verschiedenen Arten der Partizipation am Göttlichen lassen sich unter Rückgriff auf den unbewegten Beweger aufzeigen – von der ewigen Verwandlung der vier Elemente ineinander über die ewige zyklische Bewegung der Himmelskörper, die ewige Erhaltung der natürlichen Arten von Lebewesen durch Fortpflanzung bis hin zur Erzeugung und Tradierung von Produkten der menschlichen Vernunft und zu einem reflektierten guten Leben, dessen Konzept Aristoteles detailliert ausgearbeitet hat. Diese Partizipation am Göttlichen versöhnt im Rahmen der aristotelischen Metaphysik und Theologie die Menschen mit ihrer eigenen Endlichkeit und ihrem individuellen Leid. Auch hier ist die Erkenntnis Gottes mit einer weitgehenden Erlösung im Diesseits verbunden, die allerdings nur durch disziplinierte Einübung und rational geführte Diskussionen erreicht werden kann.

Der Neuplatonismus entwickelte sich zu einer Zeit, als das Christentum in Europa bereits zur Staatsreligion geworden war. Seine wichtigsten Vertreter waren Plotin (205–270), Iamblich (ca. 240–325) und Proklos (412–485). In der Folgezeit beeinflusste der Neuplatonismus wie keine andere philosophische Lehre das christliche Denken, vor allem, weil er im Gegensatz zu Platon und Aristoteles eine monistische idealistische Position entwickelt. Die islamische Theologie wurde dagegen bis zum 12. Jahrhundert eher von der aristotelischen Theologie geprägt.

Der Neuplatonismus war das letzte große philosophische System der Antike und verstand sich als Erneuerung der platonischen Philosophie, integrierte jedoch auch aristotelische und stoische Gedanken. Die Neuplatonisten gehen von vier fundamentalen Prämissen aus: Die erste dieser Prämissen (P1) ist rund 1800 Jahre später als Grundlage des Idealismus tituliert worden. Die zweite Prämisse (P2) artikuliert den metaphysischen Monismus. Die dritte Prämisse (P3) führt den metaphysischen Monismus mit einem abstrakten Monotheismus zusammen. Und die vierte Prämisse (P4) begründet, warum das metaphysische Eine und damit auch der neuplatonische Gott im höchsten Maße existieren.

(P1) Der Geist weist in vieler Hinsicht metaphysische Priorität gegenüber dem Reich der materiellen Dinge auf.
(P2) Die gesamte Realität, also das Universum mit all seinen Bestandteilen, hängt von einem einzigen metaphysischen Prinzip ab: das Eine, eine reine Einheit ohne innere Differenzierung und daher jenseits aller konkreteren Realität angesiedelt, die jedoch zugleich eine unbeschränkte ewige Energie und Aktivität aufweist.
(P3) Das metaphysische Eine ist eine abstrakte göttliche Singularität, die »Gott« genannt werden kann. Dieser Gott lässt das gesamte Universum aus sich herausfließen (Prozess der Emanation).

Wie fast alle anderen antiken Denker akzeptierten die Neuplatonisten auch den metaphysischen Grundsatz:

(P4) Wenn X gegenüber Y metaphysische Priorität aufweist und Y von X metaphysisch abhängig ist (wenn also Y ohne X nicht existieren kann), so ist X in höherem Maße existent als Y.

Entsprechend stellt der neuplatonische Gott eine metaphysische Singularität dar, ist im höchsten Maße real und muss als Grundlage des gesamten Universums verstanden werden. Das Universum geht mit all seiner Diversität in einem bestimmten Sinn aus Gott als einheitlicher undifferenzierter Singularität hervor. Die entscheidende Herausforderung für die Neuplatonisten besteht darin, dieses Verhältnis zwischen Gott und Welt rational und überzeugend zu erläutern. Dabei gingen die Neuplatonisten ähnlich wie Platon und Aristoteles davon aus, dass Gott und das Universum ewige Entitäten sind und weder einen Anfang noch ein Ende haben. Das Universum emergiert (»fließt heraus«) vielmehr ständig und kontinuierlich aus der göttlichen Singularität, und zwar in mehreren Stufen derart, dass die jeweils tiefere Stufe aus der unmittelbar höheren Stufe emergiert.

Zur Beschreibung der Emergenz oder »Emanation« des Universums in Bezug auf (P2) griffen die Neuplatonisten auf einen weiteren Grundsatz zurück:

(P5) Jede Aktivität eines Wesens hat eine innere und eine äußere Seite derart, dass die innere Aktivität die äußere Aktivität hervorbringt.

So bringt emotionale Aktivität als innere Aktivität äußere Zeichen und Bewegungen wie Mimik, Gestik oder sprachliche Äußerungen als externe Aktivitäten hervor.

Auf der Basis von (P1)–(P5) beschreibt der Neuplatonismus die zentralen Stufen der göttlichen Emanation: den unpersönlichen Geist, sein Denken und Erkennen, abstrakte Objekte als Gegenstände seines Denkens, ferner die Seele, die Lebewesen und die nicht-belebte Materie. Diese Emergenz oder Emanation ist kein Prozess in Raum und Zeit, sondern ein ständiger energetischer Erhaltungsmechanismus, ähnlich einer Stromquelle, die ständig Strom generiert.

Für Neuplatonisten ist die intelligible Welt des Geistes, der Seele und der Formen ein stabiles, geordnetes und demnach gutes Reich. Doch verschließt der Neuplatonismus seine Augen nicht vor den Übeln dieser Welt und hält diese Tatsache auch für erklärungsbedürftig:

Plotin, der Gründer des Neuplatonismus, hielt die Materie, also die letzte Stufe der Emanation, für den Ursprung aller schlechten Dinge. Proklos, Erzbischof von Konstantinopel und einer der einflussreichsten Neuplatonisten (und ein genialer Mathematiker), betrachtete dagegen bereits die Seele als ethisch ambivalent. Menschen und Tiere gehören als materielle Wesen zum Reich der Körper, als geistige und seelische Wesen jedoch zugleich zum intelligiblen Reich Gottes. Menschen vermögen sich anders als alle anderen Tiere von unmittelbaren Bedürfnissen zu befreien und über ihre eigene Position im Universum zu reflektieren und können dabei ihren Geist auch explizit auf die abstrakten Formen und Strukturen richten, von denen alles Existierende geprägt ist. Schließlich ist jeder lebende Mensch als Individuum auch eine metaphysische Einheit, also eine einzelne Substanz.

Für die Neuplatonisten folgt daraus, dass jeder einzelne Mensch ein erstaunliches Abbild des Universums im Ganzen ist – ein Mikrokosmos, der alle Stufen der universellen Emanation, also Materie, Seele, Geist und Einheit, in sich vereinigt. Der Mensch ist, mit anderen Worten, in einem bedeutenden Sinn etwas Göttliches, und der Kern des guten Lebens muss darin bestehen, dass er sich über diese Tatsache klar wird, und zwar dadurch, dass er die Emanationsstufen in seinem Denken von unten nach oben durchläuft. Dieser geistige Aufstieg ist nichts weniger als eine Annäherung an Gott – ein Aufstieg, der das Göttliche im Menschen auf Gott als Einheitsprinzip im Universum zurückbezieht. Wenn der Aufstieg gelingt, ist der Mensch sogar dem Gott des Universums ähnlich. Die christliche Lehre vom Menschen als Ebenbild Gottes ist neuplatonistischen Ursprungs. Doch geht es dem Neuplatonismus nicht um ein Ebenbild Gottes im simplifizierten christlichen Sinn, sondern um eine tiefere, unpersönlichen Ebene. Der Mensch ist aus neuplatonischer Sicht nicht in erster Instanz ein intelligentes, moralisches oder politisches, sondern ein göttliches Wesen. Diesen Status kann er durch kein Unglück dieser Welt verlieren, und wenn er sich dieses

Status bewusst wird und bewusst bleibt, dann kann er bereits im Diesseits Erlösung von Unglück und Unrecht finden. Das ultimative Ziel eines solchen Lebens und die höchste Glückseligkeit des Menschen besteht in seiner von ihm selbst erarbeiteten Vergöttlichung.

9.30 *Antike rationale Theologie: der unpersönliche Gott*

(1) Vier klassische und wirkungsmächtige antike Theologien gehen von unpersönlichen Göttern aus, nämlich die hinduistische, platonische, aristotelische und neuplatonische Theologie. Diese Theologien sind in ein größeres theoretisches Netz eingebunden und widmen sich auch dem Problem der Erlösung.

(2) Das hinduistische Brahman ist der ultimative hinduistische Gott, die ultimative göttliche Realität, die auch die nicht-göttliche Realität umfasst. Brahman ist reine Einheit ohne interne Diversität, insbesondere auch ohne Veränderung oder gar Bewegung. Insbesondere ist Brahman kein kausaler Agent und kein denkender Geist. Das Verlassen des ständigen Kreislaufes von Geburt, Tod und Wiedergeburt endet in der erlösenden Gemeinschaft mit Brahman.

(3) Der platonische Gott ist das Eine, die Struktur aller Strukturen, auf der letztlich die Existenz aller strukturierten Dinge beruht. Die Strukturierung der Dinge stellt auch etwas Gutes dar, denn Chaos – das Fehlen aller Strukturen – ist etwas Schlechtes. Der platonische Gott ist daher auch gleichzeitig das Prinzip des Guten, das zum guten Leben motiviert und uns mit individuellem Leid im Diesseits versöhnen kann.

(4) Der aristotelische Gott ist der unbewegte Beweger, also die letzte Ursache aller Bewegungen und Veränderun-

gen im Universum. Dieser Gott ist unbewegt, immateriell, stets aktiv und reiner Geist, der sich selbst denkt. Alle Teile des Universums haben auf ihre spezielle Weise Teil am Göttlichen, die Menschen insbesondere durch ein gutes Leben, und die Reflexion auf diese Teilhabe ist ein Ausgleich für individuelles Unglück.

(5) Nach neuplatonischer Auffassung hängt die gesamte Realität, also das Universum mit all seinen Bestandteilen, von einem einzigen Prinzip ab, das Gott genannt werden kann. Diese göttliche Singularität ist reine Einheit ohne innere Differenzierung und daher jenseits aller konkreteren Realität angesiedelt, enthält jedoch zugleich eine ewige aktive Energie. Diese Energie ermöglicht es dem transzendenten Gott, mehrere Stufen der Realität aus sich heraus zu erzeugen (»Emanation)«, insbesondere Geist, Seele und Materie. Wer diese Theologie kennt und anerkennt, ist in der Lage, geistig die Stufen der Emanation umgekehrt zur Richtung der Emanation zu durchlaufen und sich auf diese Weise Gott anzunähern. Die Möglichkeit der Annäherung an Gott als dem Besten im Universum kann den Menschen mit seinem Leid und Tod noch in diesem Leben versöhnen.

(6) Die rationale Theologie ist diesen Lehren zufolge ein notwendiger und konstitutiver Bestandteil eines guten Lebens und der psychischen Bewältigung von Unglück und Ungerechtigkeit.

9.31 *Kritik an der hinduistischen, platonischen, aristotelischen und neuplatonischen Vorstellung von einem unpersönlichen Gott*

(1) Die antiken Varianten der rationalen Theologie beruhen auf den antiken Versionen der Metaphysik, die aus

heutiger Sicht zu restriktiv sind. So fehlen etwa der erst später entwickelte Begriff des Naturgesetzes, insbesondere auch des statistischen Naturgesetzes, aber auch ein angemessenes Verständnis der Materie, des Lebens, des Geistes und der sozialen Institutionen. Das für die rationale Theologie so wichtige Problem der Beziehung eines Gottes, der ein immaterieller Geist ist, zur Welt der materiellen Naturdinge kann daher im Rahmen der antiken Metaphysik nicht angemessen artikuliert, geschweige denn gelöst werden.

(2) Das antike Modell einer diesseitigen Versöhnung und Erlösung in Gestalt ethischer Selbstarbeit und der Bemühung um ein gutes Leben stellt auch weiterhin ein attraktives Angebot dar.

(3) Die antiken Theologien bleiben darüber hinaus insofern beachtenswert, als sie sich dem Programm der rationalen Theologie verschreiben und die Theologie in einen größeren theoretischen Rahmen einzubetten versuchen.

1.2 Gottesbeweise

In der klassischen Antike und auch im fernöstlichen Raum sind, wie im vorangehenden Abschnitt 1.1 skizziert wurde, detaillierte und anspruchsvolle rationale Theologien entwickelt worden, die unter anderem auch Argumente für die Annahme eines monotheistischen Gottes enthalten. Aristoteles hat einen ausführlichen Beweis für die Existenz und Eigenschaften Gottes präsentiert. Moderne Formen des Theismus präsentieren zuweilen Argumente für die Existenz spezifischer Arten von monotheistischen Gottheiten. In den ersten drei Jahrhunderten des Christentums und der jüdischen Religion des Alten

Testaments (1.–3. Jh. n. Chr.) und des Islam (6.–9. Jh. n. Chr.) herrschte dagegen eher eine fideistische Theologie (9.3) vor. Doch im Verlauf des Mittealters nahmen die führenden christlichen und islamischen Denker die Herausforderungen der rationalen Theologie weitgehend an, wie etwa die christlichen Gottesbeweise zeigen. Auch Thomas von Aquin, der den Glauben an Verstand und Beweis bindet (*Summa Theologica*, pars 1, quaestio 2, articulus 2, und quaestio 4, articulus 2) hat einige prominente Gottesbeweise vorgelegt.

Die drei wichtigsten Varianten der klassischen christlichen Gottesbeweise sind der ontologische, kosmologische und teleologische Gottesbeweis. Diese werden im Folgenden zunächst kurz dargestellt und anschließend zusammen mit weiteren Formen von Gottesbeweisen in detaillierterer und teilweise moderner Form diskutiert. Abschließend werden drei heute vielbeachtete moderne Modelle von rationalen Theologien angeführt, in denen die Argumente für die Existenz Gottes wieder, wie in der Antike, in ein größeres und komplexeres theoretisches Netz eingebunden werden.

Klassische Gottesbeweise (P = Prämisse, K = Konklusion)

9.32 *Klassischer ontologischer Gottesbeweis*

(P1) Wir können uns ein vollkommenstes Wesen denken.

(P2) Ein Wesen, das nicht existiert, wäre nicht das vollkommenste Wesen.

(P3) Der Gedanke, dass das vollkommenste Wesen nicht existiert, ist daher in sich widersprüchlich.

(P4) Wir dürfen nichts Widersprüchliches annehmen, denn aus Widersprüchlichem folgt Beliebiges (siehe unten 9.107).

(K) Es gibt ein vollkommenstes Wesen, zu dessen Essenz die Existenz gehört (also Gott).

9.33 *Klassischer kosmologischer Gottesbeweis*

(P1) Es gibt im Universum Dinge, die verursacht wurden, und kausale Ketten von Ereignissen.
(P2) Die kausalen Ketten im Universum existieren auf kontingente Weise, die Kausalketten und das Universum hätten also auch nicht existieren können.
(P3) Nichts ist im Universum Ursache seiner selbst.
(P4) Es gibt keine unendliche kontingente Reihe von Ursachen.
(K) Es muss eine erste Ursache von Allem geben, die Ursache ihrer selbst ist und auf notwendige Weise existiert (also Gott).

9.34 *Klassischer teleologischer Gottesbeweis*

(P1) Die meisten Dinge in der Welt weisen eine kunstvolle Ordnung und Zweckmäßigkeit auf.
(P2) Jedes kunstvoll geordnete und zweckmäßige Werk hat einen Schöpfer.
(K) Es gibt einen Schöpfer der Welt mit der Fähigkeit, eine überwiegend kunstvoll geordnete und zweckmäßige Welt zu erschaffen und zu formen (also Gott).

Während der ontologische Gottesbeweis ein Apriori-Argument (also ein Argument, dass nur aus der Bedeutung der verwendeten Begriffe einen Schluss zieht) ist, das nicht auf empirische Erfahrung zurückgreift, sind der kosmologische und teleologische Gottesbeweis Aposteriori-Argumente, die sich auf die empirische Erfahrung kontingenter Kausalketten bzw.

kunstvoller und zweckmäßiger Ordnungen im Universum berufen.

Nach herkömmlicher Auffassung haben die islamischen Theologen und Philosophen im Mittelalter ähnlich wie die christlichen Autoren das Programm der rationalen Theologie übernommen und unter anderem versucht, die Existenz Gottes zu beweisen. Diese Auffassung liegt schon deshalb nahe, weil viele der islamischen Theologen zwischen dem 9. und 12. Jahrhundert in aristotelischer Philosophie geschult waren und ihrerseits eine rationale Theologie vertreten haben (9.10 (1)–(2)).

Neue und genauere Untersuchungen werfen allerdings ein anderes Licht auf die rationale Theologie im Islam. Es gibt viele Hinweise darauf, dass die an diesen Diskursen beteiligten Autoren nicht das Ziel verfolgten, die Existenz Gottes (also Allâhs) zu beweisen. Dennoch haben sie rationale Theologie betrieben, haben dabei jedoch andere theologische Thesen als die Christen zu beweisen versucht.

Ausgangspunkt ihrer Diskussionen war die Aussage des Koran, dass Gott der Schöpfer aller Dinge ist. Doch was genau war mit dieser Aussage gemeint? Die islamischen Theologen vertraten überwiegend die Auffassung, dass Allâh das Universum aus dem Nichts erschaffen hatte und somit auch vor Erschaffung des Universums existierte. Die islamischen Philosophen dagegen waren überwiegend der Meinung, dass das Universum zwar ewig, aber nur mit und durch Allâh existiert, dass sich also die Schöpfung ununterbrochen und ewig in Gestalt einer kontinuierlichen Emergenz des Universums aus Allâh vollzieht.

Die Art und Weise der Schöpfung des Universums durch Allâh war für die mittelalterlichen islamischen Gelehrten auch deshalb von höchster Relevanz, weil sie allein Aufschluss über die Natur Allâhs geben konnte. Sie gingen nämlich von der

Aussage des Koran aus, dass es nichts gibt, mit dem Allâh verglichen werden kann, so dass seine Natur nicht mit Hilfe von Analogien (wie etwa dem menschlichen Geist oder menschlichen Handlungen) erschlossen werden kann. Die Natur Allâhs müsse daher aus der Art und Weise seiner Schöpfung abgeleitet werden, etwa daraus, dass die Schöpfung nicht ein rein kausales Ereignis war, sondern nur durch ein Wesen mit Willen und Entscheidungskraft zustande gebracht werden konnte.

Ferner ging es darum, Allâhs Existenz genauer zu beschreiben. Wenn Allâh mit dem von ihm geschaffenen Universum und seinen Bestandteilen in keiner Weise verglichen werden kann, dann – so wurde argumentiert – muss er gänzlich transzendent und unkörperlich sein. Yussuf Al-Kindi (801–873), der führende islamische Philosoph, griff daher den platonischen Gedanken auf, dass die ununterbrochene Erschaffung des Universums im Wesentlichen darin besteht, dass Allâh dem Universum ständig »Einheit«, also Strukturen in Materie verleiht und so die fortwährende Existenz des Universums sichert, da im Rahmen des Universums nur Form-Materie-Komposita existieren.

9.35 *Die Existenz Gottes im frühen Islam*

(1) Die Existenz Allâhs wurde aufgrund der Aussagen des Koran als unbezweifelbar angesehen. Aus diesem Grunde sah man anscheinend keine Notwendigkeit, die Existenz Allâhs zu beweisen.

(2) Doch wurde im Rahmen der rationalen Theologie debattiert, ob und wie Allâh das Universum erschaffen hat.

(3) Diese Frage war deshalb wichtig, weil Gott im Islam im Gegensatz zum Christentum als unvergleichbar mit allen endlichen Wesen verstanden wurde, so dass Aus-

sagen über seine Fähigkeiten und Eigenschaften nur aus seinem Verhältnis zum Universum zu gewinnen waren.

(4) Die islamischen Theologen behaupteten meist, dass Allâh das Universum aus dem Nichts erschaffen hatte und somit auch vor Erschaffung des Universums existierte. Die islamischen Philosophen dagegen übernahmen meist die neuplatonische Deutung und behaupteten, dass das Universum ewig, aber mit und durch Allâh in Gestalt einer ständigen Emanation des Universums aus Allâh existiert.

Im christlichen Mittelalter hat Anselm von Canterbury einen ebenso berühmten wie scharfsinnigen ontologischen Gottesbeweis vorgeschlagen, der bis heute diskutiert wird. Daher soll dieser Beweis im Folgenden etwas ausführlicher dargestellt und diskutiert werden. Es handelt sich um einen indirekten Beweis (*reductio ad absurdum*), also ein Argument, das für eine zu beweisende Aussage A

(i) hypothetisch annimmt, dass A falsch ist,
(ii) zeigt, dass aus (i) etwas unumstritten Falsches folgt, und
(iii) aus (i) und (ii) folgert, dass Hypothese (i) falsch und somit A wahr sein muss.

Eine der genaueren Rekonstruktionen dieses Beweises weist darauf hin, dass Anselm mit einer Definition von Gott beginnt.

9.36 *Ontologischer Gottesbeweis von Anselm von Canterbury*

9.36.1 *Die originale Fassung*

(1) Gott ist dasjenige Wesen, über das hinaus Perfekteres nicht gedacht werden kann.
(2) Aussage (1) kann offensichtlich vom menschlichen Geist verstanden werden, Gott existiert also zumindest ›im Verstand‹.
(3) Hypothetische Annahme: Das, über das hinaus Perfekteres nicht gedacht werden kann, existiert nur im Verstande, aber nicht in Wirklichkeit.
(4) Unbestreitbar wahre Prämisse: Wenn etwas im Verstande existiert, kann gedacht werden, dass es auch in Wirklichkeit existiert.
(5) Unbestreitbar wahre Prämisse: Wenn etwas in Wirklichkeit existiert, ist es perfekter, als wenn es nur im Verstand existiert.

Es folgt aus (1)–(5):

(6) Das, über das hinaus Perfekteres nicht gedacht werden kann, ist etwas, über das hinaus Perfekteres gedacht werden kann.
(7) Nach (1)–(6) gilt:
    (i) Aussage (6) ist ein logischer Widerspruch, der aus (1)–(4) folgt;
    (ii) die Aussagen (1)–(2) und (4)–(6) sind unbestreitbar wahr;
    (iii) aus (i) und (ii) folgt logisch: Annahme (3) ist falsch.
(8) Wenn Aussage (3) falsch ist, dann existiert dasjenige Wesen, über das hinaus Perfekteres nicht gedacht werden kann, in Wirklichkeit.

Aus (1) und (8) folgt:

(9) Gott existiert tatsächlich.

9.36.2 *Eine moderne Rekonstruktion von 9.36.1*

Dass Gott im Verstande existiert und verstanden werden kann, kann im Rahmen der gegenwärtigen Philosophie des Geistes so verstanden werden, dass Gott eine mentale Repräsentation (9.8) ist. Vor diesem Hintergrund können wir Anselms Gottesbeweis folgendermaßen rekonstruieren:

(1) Gott ist dasjenige Wesen, das wir mental als maximal perfekt repräsentieren. Diese Repräsentation nennen wir R (Definition von Gott, die wir mental repräsentieren).

(2) R kann wahr oder falsch sein (Definition von »Repräsentation«).

Es folgt:

(3) (a) Gott als dasjenige Wesen, das wir mental als maximal perfekt repräsentieren, existiert, oder (b) Gott als dasjenige Wesen, das wir mental als maximal perfekt repräsentieren, existiert nicht.

(4) Aussage (3) (a) repräsentiert, dass Gott als dasjenige Wesen, das wir mental als maximal perfekt repräsentieren, tatsächlich maximal perfekt ist.

(5) Ein Wesen, das repräsentiert wird und tatsächlich existiert, ist perfekter als ein Wesen, das repräsentiert wird, aber nicht existiert (wahre Prämisse).

Aus (3) (b) und (5) folgt:

(6) Gott ist maximal perfekt und nicht maximal perfekt.

(7) Aussage (6) ist ein logischer Widerspruch und somit falsch.

(8) Da (5) wahr ist, muss (3) (b) falsch sein.
(9) Aus (3) und der Falschheit von (3) (b) folgt die Wahrheit von (3) (a).
(10) Gott als maximal perfektes Wesen existiert tatsächlich (aus (1) und (9)).

9.37 *Kritik am ontologischen Gottesbeweis von Anselm von Canterbury*

(1) Es ist bemerkenswert und auf seine Art vorbildlich, dass Anselm nicht einfach die Existenz Gottes, sondern die Existenz eines Gottes zu beweisen sucht, dessen zentrales Merkmal er zuvor angegeben hat. Vor allem muss aber festgehalten werden, dass der in diesem Argument auftretende Widerspruch ein Widerspruch ›im Verstande‹, also ein Widerspruch im semantischen Gehalt einer Repräsentation ist. Man mag einwenden, dass wir doch ohne weiteres in sich widersprüchliche Dinge denken und somit repräsentieren können. So können wir problemlos denken und repräsentieren, dass Donald Davidson ein brillanter und ein nicht brillanter Philosoph war. Doch kann eine semantisch in sich widersprüchliche Repräsentation nicht wahr sein. Daraus schließt Anselm, dass diese Repräsentation falsch ist, und mehr braucht er für seinen Beweis auch nicht. Tatsächlich sind logische Widersprüche der Form »p und nicht-p« sogar logisch falsch.
(2) Die entscheidende Schwäche des Beweises (1)–(10) liegt in (1) und (5), also in der Verwendung der Idee einer maximalen Perfektion. Diese Idee ist nämlich ihrerseits mehr als unklar. Denn man kann viele verschiedene Dinge und Vorgänge unter die Kennzeichnung »Perfek-

tion« subsumieren. Die Bedeutung von maximaler Perfektion bleibt dann nicht weniger dunkel: Schließlich könnte auch Nicht-Existenz eine Art von mangelnder Perfektion und Existenz eine der Bedingungen für Perfektion sein.

(3) Ferner wird der Gottesbegriff bereits vorausgesetzt. Es wird nämlich nicht begründet, welche Eigenschaften Gott über maximale Perfektion hinaus hat. Wenn die maximale Perfektion vage bleibt, so bleibt offen, ob es sich um den Gott handelt, den die Gläubigen sich wünschen (eine Person, die sich um die Gläubigen kümmert und sie erlöst). Wenn die maximale Perfektion dagegen implizit bereits auf bestimmte Weise etwa im Sinne des All-Gottes (9.16) spezifiziert ist, dann ist diese Spezifikation eine bloß im Vorhinein festgelegte Spezifikation bzw. wird nur stipuliert und nicht rational begründet.

In der modernen rationalen Theologie gibt es viele weitere Argumente für die Existenz Gottes. Einige dieser Argumente rekonstruieren die klassischen Gottesbeweise in einer modernen und genaueren Form. Wir können im gegebenen Format dieses Buches nur einige wenige Vorschläge exemplarisch skizzieren.

Im 20. Jahrhundert hat es vor allem Versuche gegeben, den ontologischen Gottesbeweis modaltheoretisch zu rekonstruieren. Diese Beweise greifen auf den Begriff einer möglichen Welt zurück. Eine *mögliche Welt* ist (a) eine Weise, wie die Gegenstände in unserer aktualen Welt hätten anders strukturiert sein oder sich entwickeln können, als es tatsächlich der Fall war, oder (b) eine der Weisen, wie die Gegenstände in unserer aktualen Welt künftig strukturiert sein oder sich entwickeln könnten. Zwei mögliche Welten sind etwa:

(a) Unsere aktuale Welt bis 384 v. u. Z., aber ab dann die gänzlich andere Welt, die sich entwickelt hätte, wäre Aristoteles nicht in die platonische Akademie eingetreten, sondern wie sein Vater Arzt geworden.
(b) Unsere aktuale Welt bis zur Präsidentenwahl in den USA zu einem künftigen Zeitpunkt t, und ab t jede Alternative zu der tatsächlich zu t durchgeführten Wahl sowie die Konsequenzen dieser Alternativen.

Im Folgenden werden vier prominente Beispiele für eine moderne modaltheoretische Rekonstruktion des ontologischen Gottesbeweises umrissen:

9.38 *Modale ontologische Gottesbeweise*

Modaltheoretische Definitionen

D1: Es ist möglich, dass x der Fall ist genau dann, wenn es mindestens eine mögliche Welt gibt, in der x der Fall ist.
D2: Es ist notwendig, dass x der Fall ist genau dann, wenn x in allen möglichen Welten der Fall ist.
D3: Es ist kontingent, dass x der Fall ist genau dann, wenn es mindestens eine mögliche Welt gibt, in der x der Fall ist, und mindestens eine mögliche Welt, in der x nicht der Fall ist.

9.38.1 *Modaler Gottesbeweis 1*

(1) Es ist möglich, dass Gott existiert (Prämisse).
(2) Es gibt eine mögliche Welt, nennen wir sie w*, in der Gott existiert (aus D1 und (1)).
(3) Wenn Gott existiert, dann ist es notwendig, dass er existiert (Definition von »Gott«).

(4) In w* ist es notwendig, dass Gott existiert (aus (2) und (3)).
(5) In w* gilt, dass Gott in jeder möglichen Welt existiert (aus D2 und (4)).
(6) Unsere aktuale Welt ist eine der möglichen Welten (Modallogik: X ist aktual, impliziert, dass X möglich ist)
(7) In w* gilt, dass Gott in der aktualen Welt existiert (aus (5) und (6))
(8) Gott existiert in der aktualen Welt (aus (7)).

9.38.2 *Modaler Gottesbeweis 2*

(1) Ein beliebiges Ding X besitzt in einer möglichen Welt die Eigenschaft unübertrefflicher Größe genau dann, wenn
  (i) X in allen möglichen Welten existiert und
  (ii) X in allen möglichen Welten maximal vortrefflich ist.
(2) Es ist möglich, dass etwas existiert, das unübertrefflich groß ist.
(3) Notwendigerweise gilt, dass etwas dann und nur dann unübertrefflich groß ist, wenn es in jeder möglichen Welt maximal vortrefflich ist.
(4) Notwendigerweise gilt, dass etwas, das maximal vortrefflich ist, allmächtig, allwissend und moralisch vollkommen ist.

Es folgt aus (1)–(4):

(5) Es gibt ein Ding X, das unübertrefflich groß und somit allmächtig, allwissend und moralisch vollkommen ist derart, dass
  (i) X notwendigerweise existiert und
  (ii) X als Gott betrachtet werden kann.

9.38.3 *Modaler Gottesbeweis 3*

(1) Modallogisches Theorem: Wenn es möglich ist, dass X notwendigerweise existiert, dann ist es auch notwendig, dass X notwendigerweise existiert.
(2) Es ist möglich, dass Gott notwendigerweise existiert.

Aus (1) und (2) folgt:

(3) Es ist notwendig, dass Gott notwendigerweise existiert.

9.38.4 *Indirekter modaler ontologischer Gottesbeweis 4*

(1) Gott ist, was immer er sonst sein mag, ein maximal perfektes Wesen.
(2) Notwendige Existenz ist perfekter als kontingente Existenz.
(3) Annahme: Gott existiert nur kontingenterweise.
(4) Gott ist nicht maximal perfekt (aus (2) und (3)).
(5) These (4) widerspricht These (1).
(6) Annahme (3) ist falsch (aus (5) und der Wahrheit von (1)).
(7) Gott existiert notwendigerweise (aus (6)).

9.39 *Kritik an den modalen ontologischen Gottesbeweisen*

(1) Die ersten drei Beweise gehen
  (i) von der Prämisse aus, dass es möglich ist, dass Gott existiert, oder dass es möglich ist, dass Gott notwendigerweise existiert,
  (ii) legen die Mögliche-Welten-Semantik zugrunde, und sind damit
  (iii) auf eine modale Metaphysik festgelegt.
(2) Prämisse (i) ist jedoch nicht selbst-evident, sondern gilt etwa nur dann, wenn Gott widerspruchsfrei beschrie-

ben werden kann. Vor allem aber ist Gott eine transzendente Entität, deren modaler Status nicht ohne weiteres bestimmt werden kann.

(3) Voraussetzung (ii) impliziert, dass es immer schon mögliche Welten gibt, »in« denen Gott existieren kann oder sogar existieren muss. Diese Relation zwischen Gott und möglichen Welten ist jedoch nicht selbst-evident und wird sogar von vielen theistischen Positionen abgelehnt.

(4) Und schließlich lehnen Kant und seine Anhänger sowie klassische moderne Empiristen wie etwa die Vertreter der analytischen Philosophie die Festlegung (iii) rigoros ab. Für Kantianer und Empiristen beschreiben modale Begriffe wie Notwendigkeit, Möglichkeit und Kontingenz nicht Zustände in der Welt, sondern die Art und Weise, wie wir über die Welt reden.

(5) In Beweis 9.38.1 setzt überdies Prämisse (3) eine bestimmte Gotteskonzeption voraus, die davon ausgeht, dass Gott a priori auf metaphysische Weise bestimmt werden kann. Dies gilt jedoch keineswegs für alle theistischen Gotteskonzeptionen. Und schließlich ist der Übergang von (7) zu (8) problematisch. These (7) gilt relativ auf eine *bestimmte* mögliche Welt. These (8) soll dagegen in unserer aktualen Welt gelten, die nicht mit w* identisch ist. Daher folgt (8) nicht modallogisch aus (7).

(6) In Beweis 9.38.2 wird in Prämisse (1) die unübertreffliche Größe so definiert, dass das Vorkommen eines unübertrefflich großen X in einer möglichen Welt impliziert, dass X in allen möglichen Welten und somit notwendigerweise vorkommt. Darin verbirgt sich aber bereits der Kern der Konklusion (5) des Beweises. Die-

ser Beweis setzt also weitgehend das schon voraus, das eigentlich erst bewiesen werden soll.
(7) Beweis 9.38.3 scheitert an den mit der Prämisse verbundenen Problemen (2).
(8) In Beweis 9.38.4 wird in Gestalt von Prämisse (3) eine zu starke Voraussetzung verwendet, die bereits davon ausgeht, dass Gott, wenn auch nur kontingenterweise, existiert. Entsprechend der üblichen Deutung von Kontingenz (vgl. oben D3) bedeutet dies, dass angenommen wird, dass Gott bereits in unserer aktualen Welt existiert. Zusätzlich bewiesen wird nur, dass Gott dann auch notwendigerweise existiert. Und das ist keine überzeugende Begründung.

Beweis 2 ist besonders ambitioniert, weil er einen Gottesbegriff verwendet, der durch bestimmte Eigenschaften definiert wird. Doch genau diese Spezialisierung des Gottesbegriffs ist letztlich für die Zirkularität des Beweises verantwortlich. Die Beweise 1 und 3 dagegen verwenden einen völlig offenen Gottesbegriff und sind daher über ihre sonstigen Mängel hinaus gesehen kaum aussagekräftig. Sie liefern keinen Beweis eines personalen Gottes mit Allmacht, Allwissen und maximaler Güte, wie ihn die Gläubigen sich eigentlich wünschen. Insbesondere bleibt Beweis 3 in Hinsicht auf den Gottesbegriff derart offen, dass er auch als Blaupause für den Beweis dienen könnte, dass Gott eben nicht existiert, wenn man nur überall in diesem Beweis das Wort »existiert« durch »»nicht existiert« ersetzt. In Beweis 9.38.4 ist die maximale Perfektion eine Eigenschaft, die allzu vage ist und daher viel genauer definiert werden müsste.

Die von Kant als Erstem vorgelegte Kritik berührt alle bisher vorgelegten ontologischen Gottesbeweise.

9.40 *Allgemeine Kritik an ontologischen Gottesbeweisen*

9.40.1 *Das ursprüngliche Argument von Immanuel Kant*

(1) Die ontologischen Gottesbeweise behandeln die Ausdrücke »Existenz« oder »existiert« fälschlicherweise wie ein normales Prädikat.
(2) Diese Beweise setzen für die beiden Sätze (i) »Gott ist gütig« und (ii) »Gott existiert« dieselbe Logik und Semantik voraus.
(3) Die Voraussetzung (2) ist ein grundlegender Fehler. Während in Satz (i) »gütig« (so Kant) den Subjektbegriff erweitert und ihm etwas hinzufügt, ist das in Satz (ii) mit »existiert« nicht der Fall.
(4) Wenn »Existenz« bzw. »existiert« kein gewöhnliches Prädikat ist, dann kann Existenz nicht eine der Perfektionen Gottes sein.

9.40.2 *Eine moderne Rekonstruktion der Kritik 9.40.1*

(1) Seien A und B zwei Dinge, und sei A zum Zeitpunkt t_1 größer und perfekter als B (Prämisse).
(2) Wenn B zum Zeitpunkt t_2 genauso groß und perfekt wird wie A, dann ändert sich B (nach (1))
(3) Für jedes Ding X gilt: Wenn X sich ändert, dann gilt: Es gibt einen Zeitpunkt t_1, zu dem X eine Eigenschaft P nicht hat, und es gibt einen späteren Zeitpunkt t_2, zu dem X die Eigenschaft P hat (Prämisse).
(4) Für jedes Ding X gilt: Wenn X entsteht und somit in die Existenz kommt, dann gilt Bedingung (3) nicht (Prämisse).
(5) Wenn X entsteht und somit in die Existenz kommt, dann ändert sich X nicht (aus (3) und (4)).
(6) Es ist unmöglich, dass B genauso groß und perfekt wer-

den kann wie A allein dadurch, dass B in die Existenz kommt (aus (2) und (5)).
(7) Es ist unmöglich, dass A größer und perfekter ist als B allein dadurch, dass A existiert (aus (6)).
(8) Es ist unmöglich, dass Existenz zur Größe Gottes beiträgt oder eine der Perfektionen Gottes ist (aus (7)).

Kosmologischer Gottesbeweis

Im Gegensatz zum ontologischen Gottesbeweis ist der kosmologische Gottesbeweis ein Beweis a posteriori, also ein Beweis, der unter anderem von einer empirischen Prämisse ausgeht und außerdem durch die Fragen motiviert wird, warum es etwas gibt und nicht vielmehr nichts, und warum das Universum so ist, wie es ist. Der kosmologische Gottesbeweis geht üblicherweise davon aus, dass jedes Phänomen, ausgenommen die erste Ursache von allem, eine Ursache hat. Thomas von Aquin schlägt unter anderem folgende Version des kosmologischen Gottesbeweises vor:

9.41 *Kosmologischer Gottesbeweis von Thomas von Aquin*

(1) Es gibt Dinge, die bewegt werden (evidente empirische Prämisse).
(2) Wenn ein beliebiges Ding x bewegt wird, dann wird es von einem y bewegt (Grundsatz der aristotelischen Physik).
(3) Annahme: Wenn ein beliebiges x bewegt wird, so wird es stets von einem y mit $x \neq y$ bewegt. Aus dieser Annahme folgt: Die Menge aller Paare (x, y) mit $x \neq y$ derart, dass x von y bewegt wird, ist unendlich, und es gibt kein erstes Bewegendes.
(4) Angenommen, es gibt kein erstes Bewegendes; dann

gibt es auch kein weiteres Bewegendes und somit keine bewegten Dinge, im Widerspruch zu (1).

Es folgt aus (1)–(4):

(5) Es gibt ein erstes Bewegendes, das
 (i) sich selbst bewegt,
 (ii) von nichts anderem bewegt wird und
 (iii) alles andere bewegt.

(6) Das erste Bewegende im Sinn von (5) kann Gott genannt werden.

9.42 *Kritik am kosmologischen Gottesbeweis von Thomas von Aquin*

(1) Prämisse (2) aus 9.41 ist aus heutiger Sicht physikalisch gesehen falsch.

(2) Prämisse (4) aus 9.41 ist falsch. Denn wenn etwa Annahme (3) gilt und es im Sinne von (3) kein erstes Bewegendes gibt, kann es durchaus bewegende Dinge geben, so dass nicht folgt (wie in (4) unterstellt wird), dass es keinerlei bewegende Dinge gibt. Mit anderen Worten:

(3) Konklusion (5) folgt nur, wenn (3) ausgeschlossen werden kann. Dies würde aber bedeuten, das implizit vorauszusetzen, was eigentlich erst zu beweisen gewesen wäre.

(4) Im Übrigen folgt selbst dann, wenn man die Prämissen (1)–(4) einräumt, daraus allenfalls, dass es mindestens ein Bewegendes gibt, das sich selbst bewegt. Die monotheistische Hypothese ist nicht gesichert.

(5) Mit Beweis 9.41 wäre die These vereinbar, dass Gott eine reine physikalische Kraft oder Energie ist.

9.43 *Modaler kosmologischer Gottesbeweis von Thomas von Aquin*

Dieser Beweis zerfällt in zwei Teile. Der erste Teil lässt sich am besten beschreiben, indem man auf Kontingenz (9.38 D3) zurückgreift:

Teil 1

(1) Es gibt kontingente Dinge, die entstehen und vergehen (empirische Prämisse).
(2) Doch können nicht alle Dinge kontingent sein (metaphysischer Grundsatz).

Es folgt:

(3) Es gibt auch Dinge, die notwendigerweise existieren.

Offensichtlich ist Grundsatz (2) weder selbst-evident noch wird er empirisch gestützt. Thomas von Aquin liefert daher eine zusätzliche Begründung für (2):

Teil 2

(2a) Jedes kontingente Ding existiert irgendwann einmal nicht.
(2b) Wenn alle Dinge kontingent wären, so gäbe es einen Zeitpunkt, zu dem überhaupt nichts existiert.
(2c) Wenn zu einem Zeitpunkt t überhaupt nichts existiert, existiert auch zu allen auf t folgenden Zeitpunkten nichts.
(2d) Denn etwas kann nur dadurch anfangen zu existieren, dass es durch etwas, das schon existiert, hervorgerufen wird.
(2e) Es gibt aber etwas (und nicht nichts).
(2f) Also kann es keinen Zeitpunkt gegeben haben, zu dem nichts existierte.
(2g) Also können nicht alle Dinge kontingent sein (= (2)).

Fortsetzung des Hauptarguments (des Teils 1)

(4) Jedes notwendige Ding hat die Ursache seiner Notwendigkeit in etwas anderem oder in sich selbst.
(5) Es ist nicht möglich, dass alle notwendigen Dinge die Ursache ihrer Notwendigkeit in etwas anderem haben (weil eine Reihe solcher Dinge nicht ins Unendliche weitergehen kann).
(6) Also muss es mindestens ein Ding geben, das an sich selbst notwendig ist und die Ursache seiner Notwendigkeit nicht in etwas anderem hat.
(7) Ein solches Ding muss die Ursache aller kontingenten Dinge und somit auch des Universums sein und kann Gott genannt werden.
(8) Gott im Sinne von (7) muss nach (6) und (7) übermächtig und somit allmächtig sein, ist aber nicht notwendigerweise eine Person oder ein Subjekt.

9.44 *Kritik am modaltheoretischen kosmologischen Gottesbeweis von Thomas von Aquin*

Die Prämissen (2a) und (2b) aus Teil 2 von 9.43 sind mehr als problematisch. Wenn X kontingent ist, dann ist es möglich, dass X existiert, und es ist auch möglich, dass X nicht existiert. Doch ist die Tatsache, dass X möglich ist, logisch damit vereinbar, dass X tatsächlich immer existiert. Daher folgt daraus, dass X kontingent ist, nicht zwingend, dass es einen Zeitpunkt gibt, zu dem X nicht existiert (wie in (2a) fälschlich unterstellt wird). Und in Prämisse (2b) wird daraus, dass es für jedes X einen Zeitpunkt gibt, zu dem X nicht existiert, geschlossen, dass es einen Zeitpunkt gibt, zu dem kein X existiert. Doch weist dieses Argument einen logischen Fehler auf: Die Begründung von Prämisse (2) scheitert, und damit scheitert der gesamte kosmologische Gottesbeweis 2.

9.45 *Kosmologischer Gottesbeweis von Leibniz*

Leibniz hat den Kern der beiden kosmologischen Gottesbeweise 9.41 und 9.43 zusammengeführt und mit Hilfe des Prinzips des zureichenden Grundes ausbuchstabiert. Allerdings ermöglicht dieses Prinzip zwei verschiedene Interpretationen, wenn wir nämlich Gründe (im logischen Sinn) und Ursachen (im kausalen Sinn) voneinander unterscheiden:

Prinzip vom zureichenden »Grund« (PG)

(a) Zu jeder Tatsache und jedem Ereignis gibt es eine hinreichende Ursache, oder:

(b) Zu jeder deskriptiven Behauptung muss es eine angemessene Begründung geben.

(1) Jedes Ereignis hat eine hinreichende Ursache (PG (a))

(2) Aus (1) ergibt sich die Frage: Warum gibt es überhaupt irgendetwas und nicht vielmehr nichts?

(3) Antwort: Weil es eine erste Ursache gibt, die ihre Ursache in sich selbst enthält, und diese erste Ursache ist Gott.

(4) Weitere Frage: Warum muss es eine erste Ursache geben?

(5) Antwort: Weil es ohne eine erste Ursache kontingent sein könnte, dass es die gesamte Ursachenkette gibt, und wir dann Frage (2) nicht beantworten könnten.

(6) Also: Es muss eine erste hinreichende Ursache für die restliche Ursachenkette geben, und diese Ursache existiert nicht kontingenterweise, sondern notwendigerweise, und kann Gott genannt werden.

Das Besondere an diesem Beweis ist, dass die beiden theistischen Thesen, dass

(i) eine erste Ursache existiert und dass
(ii) die erste Ursache notwendigerweise existiert,

dadurch begründet werden, dass sie erhebliche Erklärungskraft haben:

Es handelt sich nicht um einen deduktiven Beweis wie bei Thomas von Aquin, sondern um einen Schluss auf die beste Erklärung. Das Problem der Prämisse (2) im kosmologischen Gottesbeweis 9.43 wird dadurch elegant umschifft und braucht nicht wie in 9.43 mühsam (und wie es aussieht: unzureichend) begründet zu werden. Denn Leibniz macht geltend, dass die Annahme, dass das Universum aus einer Reihe kontingenter Dinge und Prozesse besteht, explanatorisch lückenhaft bleibt, also keinerlei Erklärung dafür bietet, warum das Universum überhaupt existiert. Leibniz wechselt von der Ebene der Ursachen auf die Ebene der Gründe, also von einer kausalen zu einer rationalen Erklärung. Das Argument von Leibniz muss also genauer reformuliert werden:

9.46 *Rekonstruktion des kosmologischen Gottesbeweises von Leibniz*

(1) Zu jeder deskriptiven Behauptung muss es eine angemessene Begründung geben (PG (b)), die anzeigt, warum die Behauptung als wahr angesehen werden darf.
(2) Das Universum existiert.
(3) Begründung von (2) entsprechend (1): Es muss eine erste Ursache für die Existenz des Universums geben, die wir als Gott bezeichnen können.
(4) Begründung von (3) entsprechend (1):

(a) Wenn es keine erste Ursache gäbe, so könnte es kontingent sein, dass es das Universum gibt.
(b) Wenn es kontingent wäre, dass es das Universum gibt, dann könnten wir die Existenz des Universums nicht erklären.

Es folgt:

(6) Es gibt eine erste hinreichende Ursache für die restliche Ursachenkette im Universum, und diese Ursache existiert nicht kontingenterweise, sondern notwendigerweise, und kann Gott genannt werden.

Die Formulierung der theistischen Konklusion (6) ist allerdings doppeldeutig. Version V1 behauptet, dass Gott als erste Ursache von allem die Entwicklung des Universums initiiert hat und dass die weitere Entwicklung sich dann aufgrund der von Gott etablierten Randbedingungen von allein vollzieht. Version V2 besagt, dass Gott zwar die Entwicklung des Universums initiiert hat, dann jedoch auch die weitere Entwicklung von Zustand zu Zustand weiter aktiv verursacht, also als bleibende Ursache weiterwirkt. Ferner könnte Gott als erste kosmologische Ursache jene notwendige, in allen möglichen Welten existierende Ursache für ein Universum, die oft im ontologischen Gottesbeweis ins Auge gefasst wird, oder eine lokale erste Ursache für unser Universum sein, das wir nur zum Teil kennen. Beide Versionen V1 und V2 unterstellen ein methodologisches Prinzip, das bereits von Aristoteles formuliert worden ist:

(7) Die regressive Reihe von sukzessiven Erklärungen für aufeinanderfolgende kontingente Ereignisse (E1 erklärt a durch b, E2 erklärt b durch c, ...) darf nicht unendlich, sondern muss begrenzt sein, wenn es eine volle Erklärung des Universums geben soll.

Aus Sicht von V1 kann zumindest die Existenz des Universums und insbesondere sein Anfangszustand nicht ohne die Annahme einer ersten göttlichen Ursache erklärt werden. Aus Sicht von V2 dagegen kann kein einziger kontingenter Zustand des Universums ohne eine erste göttliche Ursache erklärt werden.

David Hume hat den Vorschlag 9.45 von Leibniz und damit indirekt auch seine Rekonstruktion 9.46 sowohl logisch als auch erklärungstheoretisch zurückgewiesen:

9.47 *Kritik von David Hume am kosmologischen Gottesbeweis 9.45 von Leibniz*

(1) Der Begriff »notwendige Existenz« ist problematisch, denn es gilt logisch:
   (a) (i) X existiert notwendig → (ii) es ist unmöglich, dass X nicht existiert → (iii) die Existenz von X kann nicht gedacht werden.
   (b) (i) X existiert notwendig → (ii) X existiert → (iii) die Nicht-Existenz von X kann gedacht werden.
   (c) (a) (iii) und (b) (iii) stellen einen logischen Widerspruch dar.

(2) Sei S eine Reihe von kontingenten Dingen derart, dass
   (a) für jedes Paar (X, Y) von direkt aufeinanderfolgenden Gliedern X und Y von S gilt, das X die kausale Ursache von Y ist, und
   (b) S keinen temporalen Anfang hat.

Daraus folgt:
   (c) Jedes Glied von S kann kausal erklärt werden,
   (d) S kann kausal erklärt werden.
   (e) Der Übergang (c) → (d) kann erklärt werden durch das Prinzip:

Das Ganze S ist nicht mehr als die Summe der Elemente von S.

(3) Nach (2) (a)–(e) ist die Annahme einer ersten göttlichen Ursache nicht zwingend erforderlich.

Zeitgenössische Kritiker haben unter anderem darauf hingewiesen, dass es ein Problem darstellt, einen göttlichen Schöpfungsakt anzunehmen. Vor allem aber wurde Humes Vorbehalt gegenüber der Vorstellung einer notwendigen Existenz (ein Vorbehalt, der auch von Kant geteilt wurde) neu gefasst.

9.48 *Moderne Kritik am kosmologischen Gottesbeweis 9.45 von Leibniz*

(1) Entweder war es
  (i) kontingent, oder war es
  (ii) notwendig, dass Gott das Universum erschaffen hat.

  Fall (i) gibt keine befriedigende Erklärung für die Existenz des Universums, und in Fall (ii) war Gott nicht frei, das Universum zu erschaffen, was im Widerspruch zu seiner Allmacht steht.

(2) Wenn wir behaupten, dass X notwendigerweise existiert oder der Fall ist, dann gibt es zwei verschiedene (und nur diese beiden) Versionen dieser These:

  (a) Der Begriff »nicht-X« ist von seinem semantischen Gehalt her gesehen in sich widersprüchlich. Es ist etwa notwendigerweise der Fall, dass Vögel Lebewesen sind, denn die Behauptung, dass Vögel keine Lebewesen sind, ist aufgrund der Bedeutung der Begriffe »Vogel« und »Lebewesen« in sich widersprüchlich (»semantische Notwendigkeit«).

  (b) Wenn X überhaupt existiert oder der Fall ist, dann

gilt dies notwendigerweise (»metaphysische Notwendigkeit«). Wenn es etwa empirisch wahr ist und nachgewiesen werden kann, dass Wasser H_2O ist, dann ist damit gemeint, dass Wasser identisch mit einer Flüssigkeit ist, welche die chemische Struktur H_2O aufweist, und das bedeutet nichts anderes, als dass Wasser metaphysisch-notwendigerweise H_2O ist.

(3) Aus einer semantischen Notwendigkeit im Sinne von (2) (a) folgt nicht zwingend auch Existenz. Es ist zweifellos semantisch notwendig, dass Vögel Lebewesen sind, doch ist das vereinbar mit der (möglichen) Tatsache, dass es irgendwann keine Vögel mehr geben wird.

(4) Metaphysische Notwendigkeit im Sinne von (2) (b) setzt aktuale Existenz bereits voraus. Dass Wasser metaphysisch-notwendigerweise H_2O ist, setzt per definitionem voraus, dass es empirisch wahr ist (also tatsächlich der Fall ist), dass Wasser H_2O ist.

Daraus folgt:

(5) Wenn Gott mit semantischer Notwendigkeit existiert, dann folgt daraus nicht, dass er tatsächlich existiert.

(6) Wenn Gott mit metaphysischer Notwendigkeit existiert, dann muss vorausgesetzt werden, was eigentlich zu beweisen war, nämlich dass Gott tatsächlich existiert.

(7) Probleme im Zusammenhang mit dem Prinzip vom zureichenden Grund:

   (a) Wichtige Theorien der modernen Physik vertreten fundamentale Annahmen, die nicht erklärt werden können, etwa diverse Annahmen über die Erhaltung von Energie in geschlossenen Systemen (Thermodynamik) oder die Annahme über die Konstanz der Lichtgeschwindigkeit (Geometrische Optik). Derartige Annahmen haben hohe Erklärungskraft, doch wird ihre Wahrheit nur induktiv und empirisch (meist durch sehr genaue Messungen, wie im Fall der Konstanz von Lichtgeschwindigkeit) begründet. Darüber hinaus werden jedoch keine Ursachen oder Gründe für ihre Geltung angegeben. Sie gelten vielmehr als fundamentale Naturkonstanten.

(b) In der Mikrowelt des Universums, in der statistische Naturgesetze gelten, begegnen Phänomene und Ereignisse, die keinerlei Ursache haben, etwa jene Ereignisse, die den Zerfall eines Radium-Atoms ausmachen. Und in der Quantenwelt gibt es Ereignisse, die sich überlagern, ohne dass eindeutig gesagt werden könnte, welche kausalen Beziehungen zwischen ihnen bestehen.

Teleologischer Gottesbeweis

Der teleologische Gottesbeweis beruft sich auf Eigenschaften des Universums, die von der Art sind, wie sie gewöhnlich von intelligenten Wesen produziert werden. Dazu gehören etwa die Ordnung und Stabilität des Universums, die evolutionäre Entwicklung von Pflanzen und Tieren sowie die Entstehung von Bewusstsein, Rationalität und Moralität. Im teleologischen Kontext wird die Schöpfung des Universums als absichtliche Handlung Gottes interpretiert. Oft wird von Vertretern des teleologischen Gottesbeweises auch betont, dass dieser Beweis die engen Grenzen des Naturalismus sprengt, weil die angeführten Merkmale nicht allein durch Physik oder Chemie beschrieben oder gar erklärt werden können.

Während der ontologische Gottesbeweis vor allem auf der metaphysischen Ebene und der kosmologische Gottesbeweis auf der kausalen Ebene operiert, bewegt sich der teleologische

Gottesbeweis vor allem auf der Ebene rationaler Erklärungen (9.12.4). Und während der ontologische Gottesbeweis ein a-priori-Argument ist, das nicht auf empirische Tatsachen zurückgreift, ist der teleologische Gottesbeweis ebenso wie der kosmologische Gottesbeweis ein a-posteriori-Argument, das sich auf empirisch beobachtbare Tatsachen stützt.

Der klassische teleologische Gottesbeweis kann entweder als Analogie-Schluss oder als Schluss auf die beste Erklärung rekonstruiert werden.

9.49 *Der teleologische Gottesbeweis als Analogie-Schluss*

(1) Das Universum als Ganzes oder zumindest viele Bereiche und Einzeldinge des Universums sind zweckmäßig organisiert (z. B. Lebewesen), die den von Menschen geschaffenen zweckmäßigen Dingen (Maschinen) sehr ähnlich sind.
(2) Alle Maschinen haben einen intelligenten Urheber.
(3) Also dürften auch die nicht von Menschen geschaffenen zweckmäßigen Dinge einen intelligenten Urheber haben.

9.50 *Der teleologische Gottesbeweis als Schluss auf die beste Erklärung*

(1) Das Universum als Ganzes oder zumindest viele Bereiche des Universums sind zweckmäßig organisiert (z. B. Lebewesen).
(2) Die beste Erklärung für die Existenz zweckmäßiger Dinge lautet, dass sie auf einen intelligenten Urheber zurückgehen.
(3) Also dürften auch das Universum oder zumindest die nicht von Menschen geschaffenen zweckmäßigen Din-

ge, die wir in ihm vorfinden, auf einen intelligenten Urheber zurückgehen.

9.51 *Kritik der teleologischen Gottesbeweise 9.49 und 9.50*

(1) Die Zweckmäßigkeit und Funktionalität vieler Lebewesen, genauer: vieler Eigenschaften und Fähigkeiten von Lebewesen, lassen sich am besten durch die moderne Evolutionstheorie erklären, die auf Charles Darwin (1809–1882) zurückgeht. Die Vertreter des teleologischen Gottesbeweises müssen zeigen können, dass die theistische Theorie der Entstehung und Entwicklung des Universums eine bessere explanatorische Alternative darstellt als die Evolutionstheorie. Dieser Nachweis ist bisher nicht geliefert worden, ganz im Gegenteil: Die theistische Erklärung ist im Gegensatz zur Evolutionstheorie eine ad-hoc-Annahme.

(2) Außerdem weisen unterschiedliche Lebewesen viele strukturelle Ähnlichkeiten auf und beruhen auf demselben Bauplan, obwohl dieser Bauplan nicht für alle diese Lebewesen optimal ist. Überhaupt gibt es unter Lebewesen nicht selten dysfunktionale Eigenschaften und nutzlose DNA-Sequenzen in ihren Genen. Diese Phänomene lassen sich nur schwer durch die Annahme eines allwissenden und allgütigen Schöpfergottes, wohl aber durch die moderne Evolutionsbiologie erklären.

(3) Selbst wenn man die teleologischen Gottesbeweise 9.49 und 9.50 anerkennt, so lassen diese Beweise zwar den Schluss auf ein übermächtiges intelligentes Wesen zu, nicht aber auf einen personalen Gott, der sich um die Menschen kümmert und sie erlösen kann.

Zwei jüngere Varianten des teleologischen Gottesbeweises gehen

(i) von der Hypothese des intelligenten Designs und
(ii) von dem Feinabstimmungsargument aus.
Auf diese Weise wird versucht, der Kritik 9.51 zu entgehen.

Die Hypothese des intelligenten Designs hängt damit zusammen, dass der teleologische Gottesbeweis aus wissenschaftstheoretischer Sicht den Naturalismus überschreitet. Der Naturalismus wird dabei so verstanden, dass alles letztlich im Rahmen der Physik, Chemie und Biologie zu erklären ist und auch erklärt werden kann. Denn in einem so verstandenen Naturalismus haben rationale Handlungen, die mit bewussten Absichten korreliert sind, keinen systematischen Platz. Dagegen lässt sich der teleologische Gottesbeweis problemlos in die Theorie rationaler Handlungen und Entscheidungen (*rational choice theory*) integrieren, also in eine Theorie, die ursprünglich in der Ökonomie entwickelt wurde. Der teleologische Gottesbeweis rückt die Handlungen Gottes eng an das rationale Handeln von gewöhnlichen Sterblichen heran.

9.52 *Der teleologische Gottesbeweis und die Hypothese des intelligenten Designs*

(1) Viele Lebewesen weisen eine irreduzible Komplexität auf, die sich nicht evolutionstheoretisch erklären lässt. Als irreduzibel wird eine komplexe Struktur dann angesehen, wenn sie unter anderem aus vielen Teilen besteht derart, dass, wenn auch nur eines dieser Teile fehlt, das Ganze nicht funktioniert. Zum einen ist es in diesem Fall höchst unwahrscheinlich, dass alle diese Teile aufgrund evolutionärer Mechanismen zugleich

entstehen, zum anderen können diese Teile nicht durch evolutionäre Mechanismen nacheinander entstehen, weil erst das Ganze einschließlich aller Teile evolutionär getestet werden kann (Hypothese des intelligenten Designs).

(2) Daher muss es ein machtvolles intelligentes Wesen (also Gott) gegeben haben, das ein Universum, dessen Entwicklung zu empirisch feststellbarer hoher biologischer und kognitiver Komplexität führt, absichtlich geschaffen hat.

9.53 *Kritik am teleologischen Gottesbeweis 9.52*

Die Hypothese des intelligenten Designs beruht nicht auf einer wissenschaftlichen Theorie, weil sie nicht getestet werden kann, weil sie keine explizite Biochemie umfasst und weil sie die adaptiven Wirkungen selbst kleinster Mutationen unterschätzt.

Das Feinabstimmungsargument, das zu der zweiten neueren Variante des teleologischen Gottesbeweises führt, hängt damit zusammen, dass dieser Beweis kein deduktives Argument, sondern wie angemerkt ein Analogieschluss oder ein Schluss auf die beste Erklärung ist. Daraus folgt, dass der teleologische Gottesbeweis zeigen muss, dass die Annahme eines Schöpfergottes eine bessere Erklärung für die Entstehung des Universums bietet als die physikalische Urknall-Theorie.

In diesem Kontext spielt es eine erhebliche Rolle, dass die physikalische Urknall-Theorie zeigt, dass unser Universum nur aufgrund extrem spezifischer Umstände (einer »Feinabstimmung«) hat entstehen können. Mit Bezug auf diese Theorie haben Theisten eine weitere Variante des teleologischen Gottesbeweises entwickelt.

9.54 *Der teleologische Gottesbeweis und das Feinabstimmungsargument*

(1) Kurz nach dem Urknall mussten (so die moderne Astrophysik und ihre Theorie des Urknalls) die Werte mehrerer Naturkonstanten sowie insbesondere die anfängliche Energieverteilung in einem extrem kleinen Toleranzbereich liegen, damit sich unser Universum mit seiner Ordnung, seinen Naturgesetzen und Lebewesen hat entwickeln können. So hätte etwa eine Änderung der Geschwindigkeit der Expansion während des Urknalls um den Faktor eins zu einer Billion nicht zu dem geordneten Universum führen können, wie es jetzt besteht. Dass diese Konstellationen tatsächlich zustande kamen, war extrem unwahrscheinlich.

(2) Der Befund (1) könnte besagen, dass die Entstehung des Universums nichts als blanker Zufall war. Doch die These, dass ein Ereignis blanker Zufall ist, läuft darauf hinaus, einzugestehen, dass dieses Ereignis unerklärlich ist. Wenn also Physiker und Atheisten behaupten, dass die Entstehung des Universums blanker Zufall war, dann gestehen sie damit ein, dass sie diesen Vorgang nicht nur unbefriedigend, sondern überhaupt nicht erklären können.

(3) Eine Theistin kann dieses Phänomen dagegen sehr wohl erklären: Ein äußerst intelligenter Schöpfer-Gott habe diese unwahrscheinlichen Randbedingungen absichtlich generiert, um eine Entwicklung des Universums bis hin zur Evolution des Menschen zu gewährleisten. Und dies ist auch die beste Erklärung für die skizzierte Konstellation von Naturkonstanten unmittelbar nach dem Urknall.

9.55 *Kritik am teleologischen Gottesbeweis 9.54*

(1) Es ist problematisch, eine Analogie zwischen der absichtlichen Erschaffung des Universums durch eine Handlung Gottes und dem rationalen Handeln von Menschen zu ziehen. Das rationale Handeln gewöhnlicher Menschen stellt normalerweise ein Mittel dar, um ein Bedürfnis oder einen Wunsch zu realisieren. Menschen handeln also aus dem Grunde zweckrational, weil ihnen etwas fehlt, das sie brauchen und erwerben wollen. Wenn man zugesteht, dass Gott das Universum zweckrational erschaffen hat, damit sich das Universum so entwickeln konnte, dass intelligente Wesen entstehen, die moralisch handeln und Gott erkennen sowie anbeten können (»anthropisches Prinzip«), dann folgt aus diesem Argument, dass Gott vor der Erschaffung des Universums ein bedürftiges Wesen war und für sein optimales Glück von einer Entität außer ihm selbst, dem Universum, abhängig war. Diese Folgerung widerspricht jedoch der unter Theisten weit verbreiteten Annahme, dass Gott allmächtig ist, keine Bedürfnisse hat, in jeder Hinsicht perfekt, existentiell autonom und somit von nichts außerhalb seiner selbst abhängig ist.

(2) Es kann nicht ausgeschlossen werden, dass das Universum aus Vorgängen entstand, die ewig anhalten und mit einer äußerst geringen Wahrscheinlichkeit unser Universum generieren konnten. In diesem Szenario musste angesichts der unendlichen Vorgänge genau unser Universum irgendwann entstehen. Neuerdings wird in der Astrophysik insbesondere darüber diskutiert, ob die empirisch nachweisbaren Quantenfluktuationen im Vakuum derartige Vorgänge sein könnten (dazu unten 9.86).

(3) Der teleologische Gottesbeweis unterstellt, dass Gott eine gute und adäquat funktionierende Welt erschaffen wollte. Doch das höchste Produkt dieser Welt, die Menschheit und ihre kulturelle Entwicklung, weist sehr viel Leid und ungesühntes Unrecht auf. Dieser unbestreitbare Befund scheint jedoch unvereinbar zu sein mit der theistischen Grundüberzeugung, dass Gott ein gutes Wesen ist und nur beste Absichten haben kann.
(4) Theodizee soll erklären oder rechtfertigen, warum ein allgütiger Gott in der von ihm geschaffenen Welt sehr viel Leid zulässt. Der Befund, dass es schwer ist, überhaupt eine Theodizee zu finden und zu präsentieren, ist das Problem der Theodizee. Dieses Problem stellt eine der größten Herausforderungen für den Theismus dar.
(5) Schon die antiken Sophisten und der antike Philosoph Epikur haben das Theodizee-Problem artikuliert: Wenn Gott allwissend ist, dann weiß er auch von den Übeln der Welt. Wenn Gott außerdem allmächtig ist, so könnte er die Übel der Welt beseitigen. Wenn er auch perfekt gut ist, so würde er die Übel der Welt beseitigen. Die Übel der Welt sind aber nicht beseitigt. Also kann Gott, wenn er allwissend ist, nicht zugleich allmächtig und perfekt gut sein.

Theistische Positionen bemühen sich darum, mit dem Theodizee-Problem fertigzuwerden. Im folgenden Abschnitt werden einige der wichtigsten Lösungsvorschläge vorgestellt.

Theistische Theodizee

Das Theodizee-Problem wird oft als schärfste Kritik am Theismus verstanden. Dies gilt umso mehr, als einige der einflussreichsten, insbesondere die drei abrahamitischen Religionen ihrem Gott ausdrücklich die Fähigkeit zuschreiben, die Menschen im Diesseits oder im Jenseits von schwerwiegendem Leid und Unrecht zu erlösen. Auf diese Weise erkennen sie die Realität großen Übels an. Die meisten Kritiker sind der Meinung, dass die Leiden dieser Welt unvereinbar mit der Existenz eines allgütigen, perfekten und allmächtigen Gottes sind oder die Existenz eines solchen Gottes zumindest als sehr unwahrscheinlich erscheinen lassen. Angesichts dieser Kritik sind unterschiedliche Versionen einer theistischen Theodizee vorgeschlagen worden.

9.56 *Fünf theistische Vorschläge zur Lösung des Theodizee-Problems*

(1) In Anknüpfung an den offenen Theismus (9.18) oder den Panentheismus (9.23) wird bestritten, dass Gott allmächtig und allwissend ist. Gott hat es daher nicht vermocht, eine Welt ohne Übel zu erschaffen. Doch ist er im Rahmen seiner Möglichkeiten nach Kräften darum bemüht, das Leid der Menschen zu verringern. Die Existenz dieses Gottes ist offenbar mit der Realität großen Übels in unserer aktualen Welt vereinbar.

(2) Gott hat die Menschen mit einem freien Willen geschaffen, der allen Menschen Autonomie und Würde verleiht. Die Übel dieser Welt gehen nicht auf Gott, sondern auf freie Handlungen von Menschen zurück. Daher ist die Existenz eines All-Gottes mit dem Auftreten von Übeln vereinbar.

(3) In einigen Fällen lassen sich Güter nur dann erreichen, wenn dafür Leiden oder Übel in Kauf genommen werden. Und in einigen dieser Fälle ist es besser, das entsprechende Gut zu bekommen, als das dafür notwendige Leiden oder Übel zu vermeiden. In diesen Fällen ist es auch für einen personalen All-Gott rational, die jeweiligen Leiden und Übel zuzulassen.

(4) Gott hat den Menschen die Fähigkeit mitgegeben, sich allmählich zu einem guten, verantwortungsbewussten und ethisch akzeptablen Leben emporzuarbeiten. Diese Entwicklung muss notwendigerweise oder wird zumindest oft die Überwindung von Übeln umfassen, denn gerade angesichts von Übeln sind wir herausgefordert, tugendhaft und moralisch zu handeln.

(5) Gott ist ein All-Gott (9.16) und somit unter anderem allgütig. Wir können daher davon ausgehen, dass es für Gott rationale Gründe dafür gegeben hat, eine Welt mit Übeln zu erschaffen. Entsprechend sollten wir nicht annehmen, dass Menschen mit ihren höchst eingeschränkten kognitiven Fähigkeiten erkennen können, welche Gründe Gott im Einzelnen hatte, bestimmte Übel zuzulassen (»Gottes Wege sind unergründlich«, aber es gibt diese Wege). Diese Position wird auch skeptischer Theismus genannt.

Die jüngsten Debatten der Theisten zum Theodizee-Problem konzentrieren sich jeweils im Blick auf eine bestimmte metaphysische Hintergrund-Theorie darauf, ob ein Leben nach dem Tod möglich und wahrscheinlich ist:

9.57 *Theodizee und das Leben nach dem Tod*

(1) Im Rahmen einer dualistischen Metaphysik, die den Geist und den Bereich der Materie bzw. der physikalischen Energie als zwei voneinander unabhängige Substanzen ansieht, ist es metaphysisch möglich und folglich nicht null-wahrscheinlich, dass sich unser Geist im Tode von unserem Körper trennt und nach dem Tod in einer neuen Form überlebt.

(2) Im Rahmen eines monistischen Physikalismus, der von einer Identität des Geistes mit bestimmten Formen der Materie bzw. der physikalischen Energie ausgeht, ist es metaphysisch unmöglich, dass sich unser Geist im Tode von unserem Körper trennt und nach dem Tod in einer neuen Form überlebt.

(3) Im Rahmen eines nicht-reduktiven Physikalismus wird angenommen, dass der Geist über der Materie bzw. der physikalischen Energie superveniert: Jede Veränderung der Materie bzw. der physikalischen Energie zieht eine Veränderung des Geistes nach sich, doch gilt das Umgekehrte nicht. Da aber dieser Theorie zufolge der Geist nicht identisch mit einer bestimmten Art der Materie bzw. der physikalischen Energie ist, bleibt die metaphysische Möglichkeit eines Überlebens unseres Geistes nach dem Tod bestehen.

(4) Wenn es möglich und folglich nicht null-wahrscheinlich ist, dass sich unser Geist im Tode von unserem Körper trennt und nach dem Tod in einer neuen Form überlebt, dann können wir 9.56 (2) heranziehen und behaupten, dass

   (i) die Übel dieser Welt durch freies Handeln der Menschen und nicht durch Gott zustande kommen und dass

(ii) es metaphysisch durchaus möglich ist, dass Menschen, die im Diesseits unschuldig unter Übeln leiden mussten, im Jenseits eine Entschädigung oder Kompensation dafür erhalten.

(5) Da es gute Gründe für die Existenz eines personalen All-Gottes gibt, wird die metaphysische Möglichkeit eines geistigen Lebens nach dem Tod mindestens zu einer faktischen Wahrscheinlichkeit, auf die wir rational hoffen dürfen.

(6) Die Theodizee (1)–(5) beruht demnach (a) auf einer Freiheitstheorie, die die Willensfreiheit einschließt, (b) auf der Metaphysik des nicht-reduktiven Physikalismus und (c) auf einer überzeugenden Begründung der Existenz und Eigenschaften eines personalen All-Gottes.

9.58 *Kritik der Vorschläge zur Lösung des Theodizee-Problems in 9.56–9.57*

Die Theodizee-Vorschläge in 9.56 und 9.57 weisen eine Reihe von Problemen von unterschiedlicher Art auf.

(1) These 9.56 (1) stellt eine lupenreine ad hoc-Hypothese ohne unabhängige Begründung dar und gibt mit der Perfektion das wichtigste Merkmal Gottes auf, das in fast allen theistischen Positionen anerkannt ist: Diese Hypothese ist methodologisch gesehen schlecht begründet und fordert einen hohen theoretischen Preis.

(2) Die Thesen 9.56 (3)–(5) sind unbefriedigend, weil ihre Erklärungskraft zu gering ist. Denn es gibt viele Übel in der Welt, die den in 9.56 (3) genannten Bedingungen nicht genügen, so dass 9.56 (3) sich nur auf einen sehr kleinen Teil des Leidens und Übels in unserer Welt bezieht.

(3) Die These 9.56 (4) ist unplausibel, weil der Weg zum guten Leben auch mit gar keinem oder einem sehr geringen Leid korreliert sein könnte. Diese These liefert also für die schlimmsten Übel und das furchtbarste Leiden keine Erklärung.

(4) Der skeptische Theismus 9.56 (5) stellt einen explanatorischen Offenbarungseid dar: Alle Versuche, die Existenz von Übeln angesichts eines personalen All-Gottes zu begründen, scheitern daran, dass die Motive Gottes für sein Handeln verborgen sind.

(5) Im Zusammenhang mit 9.56 (2) lässt sich fragen, warum Gott Menschen mit freiem Willen geschaffen hat, die so unermessliches Leid hervorbringen. Die Behauptung, dass die Vorteile des freien Willens die Nachteile, die Leid und Übel mit sich bringen, überwiegen, dürfte sich kaum begründen lassen, denn ein übermächtiger Geist hätte sich eine bessere Lösung einfallen lassen können. Zudem berücksichtigt These 9.56 (2) nicht das Leid, das durch die zahlreichen Naturkatastrophen entsteht. Das entscheidende Argument gegen 9.56 (2) aus philosophischer Sicht lautet jedoch, dass es unter Menschen keinen freien Willen gibt, der autonom in dem Sinne ist, dass er durch nichts bedingt würde. In der gegenwärtigen Philosophie wird demgegenüber überwiegend die streng-kompatibilistische Freiheitstheorie bevorzugt. Diese Theorie besagt, dass der freie Wille und freie Handlungen auf bestimmte Weise durch vorhergehende mentale Zustände determiniert sind. Die beiden zentralen Gründe für diese Freiheitstheorie lauten, 1. dass Ereignisse ohne jede Ursache bisher nur im mikrophysikalischen Bereich (also etwa im Fall des Zerfalls von Atomen, nicht aber im Falle neuronaler Aktivitäten oder der Aktivitäten von Lebewesen) nachgewiesen werden konnten, und

2. dass ein Ereignis ohne jede Ursache ein blanker Zufall wäre, über den wir keinerlei Kontrolle haben und der daher nicht frei genannt werden könnte.

(6) Wie oben bemerkt, ist die Theodizee 9.57 von einer Reihe von Bedingungen abhängig, die ihrerseits als problematisch angesehen werden können, etwa die Nachweise zur Existenz Gottes und die traditionelle kantische Freiheitstheorie. Außerdem gibt es derzeit beeindruckende empirische Gründe dafür, dass unsere Seele (also unser Geist) sterblich ist, also mit unserem Hirntod untergeht. Eine entsprechende empirische Begründung wird vor allem von der Neurowissenschaft geliefert. Umfangreiche Daten über die Korrelation des Auftretens mentaler Zustände einer Person mit bestimmten neuronalen Aktivitäten im Gehirn dieser Person zeigen, dass die mentalen Zustände verschwinden, wenn die korrelierten neuronalen Aktivitäten etwa durch Verletzung oder Krankheiten gestört oder unterbrochen werden. Der Hirntod beendet alle neuronalen Aktivitäten. Aus diesem Grund ist es zumindest sehr wahrscheinlich, dass unser Geist und unsere Seele unseren Tod nicht überstehen werden. Die Probleme, die die Bedingungen von 9.57 mit sich bringen, schwächen unmittelbar auch These 9.57.

(7) Die Thesen 9.56 (1)–(5) sowie 9.57 werden auch aus semantischen Gründen kritisiert. Diese Kritik bezieht sich hauptsächlich auf Verfahren der Idealisierung, aufgrund dessen wir dem All-Gott seine jeweiligen Eigenschaften zuschreiben (vgl. dazu unten, 9.100). Wendet man dieses Verfahren auf die Theodizee-Versuche an, so zeigt sich ein grundlegendes Problem für alle jene Versuche, die mit dem Gedanken operieren, dass Lei-

den und Übel unserer aktualen Welt notwendige Bestandteile höherer Güter sind. Solches ist sicherlich im Bereich menschlichen Handelns nicht selten der Fall. Menschliches Handeln kann ethisch gut sein, auch wenn es Tätigkeiten einschließt, die für sich genommen schlecht und übel sind, wenn dadurch ein größerer Nutzen entsteht. So könnte es ethisch gesehen gut sein, 100 unschuldige Flugpassagiere durch Abschuss des Flugzeugs zu töten, wenn sicher ist, dass das Flugzeug innerhalb von 10 Minuten in eine Wohnsiedlung stürzt und dabei 2000 Menschen tötet. Doch würden gute Menschen zunächst, wenn vielleicht auch vergeblich, alles versuchen, um den Absturz des Flugzeuges zu verhindern. Wenn aber Gott zugleich perfekt gut und allmächtig ist, dann könnte er den Absturz des Flugzeugs verhindern. Und daraus folgt, dass er diesen Absturz aus moralischen Gründen auch verhindern muss. Lässt er dennoch zu, dass das Flugzeug abgeschossen wird, so tut er weniger Gutes, als gute Menschen tun würden. Das bedeutet jedoch, dass Gottes Handeln in solchen und ähnlich gelagerten Fällen logisch unvereinbar mit maximaler Güte ist. Damit verliert der semantische Gehalt der Kennzeichnung »maximale Güte« jede Kontur. Diese Kennzeichnung wird semantisch leer: Wir wissen nicht mehr, was wir unter der Kennzeichnung überhaupt verstehen sollen.

Die Probleme, die sich in den theistischen Vorschlägen zur Bestimmung der Eigenschaften Gottes zeigen, haben einige moderne Theologen und Theologinnen dazu geführt, die Position der negativen Theologie zu vertreten, die bereits Thomas Hobbes konzipiert hat.

9.59 *Negative Theologie und Theodizee*

(1) Die negative Theologie behauptet, dass Gott ontologisch und erkenntnistheoretisch so weit von uns Menschen entfernt ist, dass wir ihn nicht in Worte fassen und somit nicht positiv beschreiben können. Gott ist der Schöpfer des Universums, doch können wir darüber hinaus nur angeben, was Gott nicht ist.
(2) Die negative Theologie ist damit vereinbar, dass Gott lediglich eine immaterielle physikalische Energie ist.
(3) Jeder Versuch, ein bestimmtes Gottesbild, das über (1)–(2) hinausgeht, rational zu begründen, muss scheitern. Auch Gottesbeweise sind fruchtlos. Denn wenn wir nicht wissen, welche Eigenschaften Gott hat, dann ist auch jeder Versuch, seine Existenz zu begründen, sinnlos, es sei denn, er ist die Kraft, die zur Entstehung des Universums geführt hat.
(4) Aus (1)–(3) folgt, dass die Frage nicht klar zu beantworten ist, ob es überhaupt ein Theodizee-Problem gibt. Denn wenn Gott etwa nur eine physikalische Energieform oder eine extrem hohe Intelligenz ohne Gefühle sein sollte, ist es sinnlos, die Frage nach den Übeln dieser Welt aufzuwerfen.

9.60 *Kritik an der negativen Theologie*

Die negative Theologie ist in sich widersprüchlich. Wenn Gott tatsächlich ontologisch und erkenntnistheoretisch so weit von uns Menschen entfernt ist, dass wir ihn nicht positiv beschreiben können, dann können wir insbesondere auch nicht wissen, dass er überhaupt existiert und dass er, wenn er existiert, das Universum erschaffen hat.

Zum Abschluss des Überblicks zu theistischen Positionen wollen wir drei der einflussreichsten jüngeren Modelle der rationalen Theologie vorstellen, die jeweils eine systematisch interessante Ausrichtung aufweisen. Georg Wilhelm Friedrich Hegel (1770–1831), Richard Swinburne (geb. 1934) und Holm Tetens (geb. 1948) haben jeweils eines dieser Modelle ausgearbeitet. Diese Autoren halten deduktive Gottesbeweise für unmöglich, folgen uneingeschränkt dem Programm der rationalen Theologie als einer Teildisziplin der Philosophie, vertreten jedoch in diesem Rahmen unterschiedliche und zugleich pointierte Positionen: Hegel historisiert Gott als Weltgeist, Swinburne verteidigt die theistischen Thesen explizit auf der Grundlage einer induktiven, Bayesianischen Methodologie, und Tetens konzentriert sich auf die spannungsreichen Beziehungen zwischen Naturalismus und Theismus, um dann im Zusammenhang einer Kritik am Naturalismus zu begründen, warum wir zumindest rational auf Gott und seine Wohltaten hoffen und vertrauen dürfen.

Gott als Absolutes und Weltgeist (Hegel)

Wie bereits angemerkt, kann Hegels rationale Theologie als Variante des Panentheismus verstanden werden. Gott und die Entwicklung des Universums sind Hegel zufolge eng miteinander korreliert. Hegel hat darauf hingewiesen, dass seine Philosophie bzw. der sogenannte spekulative Idealismus keinen anderen Gegenstand hat als die Religion, nämlich Gott. Der spekulative Idealismus ist wesentlich rationale Theologie und wird von Hegel ausdrücklich als Kern seiner gesamten Philosophie bezeichnet.

Zugleich distanziert Hegel sich aber wie Kant vor ihm von allen Versuchen, die Existenz Gottes zu beweisen. Er macht geltend, dass jede logische Deduktion einer These von Prämissen abhängt, die als wahr betrachtet werden. Würde es sich also um die These handeln, dass Gott existiert, und gäbe es einen deduktiven Beweis dieser These, so gäbe es wahre Prämissen, die ein Phänomen beschreiben, von dem der existierende Gott abhängt. Doch wenn Gott existiert, muss er Ursache von allem anderen sein und kann daher nicht von etwas anderem abhängen. An diesem Problem scheitern, so Hegels Auffassung, alle Versuche deduktiver Gottesbeweise.

Die rationale Theologie soll daher, so Hegel, nicht nach Gottesbeweisen suchen, sondern vor allem die Korrelation zwischen Gott und Welt im Rahmen eines spekulativen Idealismus erläutern. Dieser Idealismus stellt allerdings nicht einen Gegensatz zum Materialismus, sondern einen Gegensatz zum Realismus dar. Das Endliche, also unter anderem auch die Menge einzelner wahrnehmbarer Dinge, ist dem spekulativen Idealismus zufolge nicht das wirklich Seiende, sondern ist vielmehr im wahrhaft Unendlichen, dem höchsten Seienden, aufgehoben. Das wahrhaft Unendliche ist die Idee, aber nicht die Idee im Sinne eines geistigen Zustands, sondern im Sinne des Einen, in dem alles Endliche vereinigt ist, und zwar insbesondere auch das Subjektive und das Objektive. Dieses Eine nennt Hegel auch »das Absolute«. Die spekulative Philosophie besteht im Kern in der Erfassung des Gegensätzlichen in seiner Einheit und letztlich seiner Aufhebung im Absoluten. Dies wird von Hegel auch als »absoluter Geist« oder »Weltgeist« bezeichnet.

Hegel geht davon aus, dass das Absolute, also der Weltgeist, eine historische Entwicklung durchläuft, die auch das Endliche umfasst und auf diese Weise die Gegensätze von Welt und Gott, von Geschichte und unveränderlichem Absoluten, von Ewigkeit und Zeit sowie von Transzendenz und Immanenz umfasst und überwindet. Im Verlauf seiner historischen Entwicklung durchläuft der Weltgeist durch fortlaufende freie

Selbstbestimmung Gestalten des Endlichen und damit durch spezifische Negationen seiner selbst bestimmte Phasen der Weltgeschichte und zugleich Gestalten seines Selbst, bis er am Ende zur vollen Erkenntnis seines Selbst gelangt. Diese Entwicklung des Weltgeistes können auch Menschen nachvollziehen und auf diese Weise Gott erkennen – wenn und indem sie den Gedankengängen Hegels folgen. Die Welt und ihre Geschichte bleiben einerseits das Medium, das für die Entfaltung des göttlichen Weltgeistes notwendig ist, und insofern bleibt Gott von der Welt abhängig. Doch ist die Welt zugleich eine bestimmte Negation des selbstbestimmten Weltgeistes, die am Ende durch den Weltgeist aufgehoben wird. Und insofern ist der Weltgeist »mehr« als die Welt und nicht lediglich mit der Entwicklung der Welt identisch. Das Absolute darf nach Hegel allerdings genau genommen nicht mit Gott identifiziert werden, sondern stellt einen Aspekt des Gottes der spekulativen Philosophie dar.

Die philosophische Erläuterung des Absoluten weist eine bestimmte Form auf. Den Ausgangspunkt bildet dabei der Begriff einer absoluten Einheit, der zwar als Begriff abgegrenzt ist, aber noch keine innere Differenzierung aufweist. Ähnliches gilt auch für den Begriff des Seienden, der jeden beliebigen Gehalt aufweisen kann. Klarer und inhaltsreicher wird dieser Begriff durch eine geeignete Negation, also durch Abgrenzung von seinem begrifflichen Gegensatz, etwa durch Abgrenzung gegenüber dem Begriff des Nichts. Schließlich wird ein dritter Begriff entwickelt, der als höhere Einheit der gegebenen gegensätzlichen Begriffe gefasst werden kann, etwa der Begriff des Werdens. Die beiden gegensätzlichen Begriffe werden dann im dritten Begriff »aufgehoben«, und zwar im dreifachen Sinne dieses Wortes. Der dritte Begriff ist

(i) die Negation der beiden ersten Begriffe und eliminiert sie auf diese logische Weise. Er bezieht sie jedoch
(ii) beide in sich ein und hebt sie
(iii) auf ein höheres Niveau von Komplexität.

So ist das Werden weder mit dem Seienden noch mit dem Nichts vereinbar, ist aber in gewisser Weise eine Bewegung vom Nichts zum Seienden und operiert selbst auf einem komplexen kinetischen Niveau. Das Werden kann seinerseits derselben Analyse unterzogen werden, usw.

In seiner »Wissenschaft der Logik« entfaltet Hegel auf diese »dialektische« Weise ein umfassendes System begrifflicher Kategorien. Doch handelt es sich dabei nicht um rein begriffliche Konstruktionen, sondern um metaphysische Gebilde. Hegels begriffliches System zeichnet die metaphysische Bewegung, Entfaltung und Ausdifferenzierung des Absoluten nach. Allgemeiner formuliert handelt es sich um den Prozess einer zunehmenden strukturellen Komplexität. Die dialektische Explikation als Methode der spekulativen Philosophie kann nach Hegel vollständig a priori vollzogen werden, also allein aufgrund der Fähigkeit unseres Geistes, etwas zu denken und die Inhalte dieses Denkens genauer zu klären.

In Hegels *Phänomenologie des Geistes* (der Geist wird von ihm dort auch »Bewusstsein« genannt) beschreibt Hegel die dialektische Entwicklung des Geistes – sowohl auf der Ebene mentaler Zustände als auch auf der semantischen Ebene der Gegenstände des Geistes. Er beginnt mit undifferenzierten Sinnesinhalten (ähnlich den Sinnesdaten der analytischen Philosophie), die etwas Einzelnes sind, und geht dann über zu Wahrnehmungen mit begrifflich erfassten semantischen Gehalten, die Wahrheitswerte annehmen können. Die anschließende dialektische Entwicklung wird in Begriffen von Gewissheit und Skeptizismus beschrieben. Die erreichten mentalen

Zustände scheinen auf den ersten Blick mit Gewissheit korreliert zu sein, erweisen sich aber genauer betrachtet als nicht gewiss bzw. zweifelhaft, so dass ihre Selbstgewissheit negiert und dieser Widerspruch in einer höheren, komplexeren mentalen Ebene aufgehoben werden muss, etwa im Verstehen und im Kampf um soziale Anerkennung als soziale Bedingung für kognitive Fortschritte, bis hin zum Endziel, dem Selbstbewusstsein im Sinne der Erkenntnis seiner selbst.

Die strukturelle und mentale Entwicklung zu immer komplexeren und höheren Formen stellen für Hegel Entfaltungsprozesse des Einen, also des undifferenzierten Absoluten dar. Ein weiterer Entwicklungsprozess, der die strukturelle und mentale Entwicklung in sich aufnimmt, lässt sich nach Hegel in Begriffen der Objektivität beschreiben. Dies wird vor allem in seiner *Enzyklopädie der philosophischen Wissenschaften* deutlich – also in einer Schrift, die Hegel primär als Kompendium zur Unterstützung seiner Vorlesungen verfasst hat. Unter diesem Aspekt ist die erste Negation des Absoluten die Materie, und diese Negation bringt den Prozess der Entfaltung der anorganischen Natur hervor. Im Folgenden beschreibt Hegel die Entwicklung der organischen Natur, also der Lebewesen, bis hin zum Menschen sowie den Fortgang der menschlichen Geschichte und Kultur. Wie er selbst öfters betonte, kann es allerdings kein größeres Missverständnis seines eigenen Unternehmens geben als anzunehmen, dass er damit eine philosophische Alternative zur Physik, Biologie und Geschichtswissenschaft seiner Zeit entwerfen wollte. Die Wissenschaften beschreiben erfolgreich das Kontingente, das unter Naturgesetze fällt. Hegel stellt dagegen die Geschichte der Natur, des Geistes und der Menschen als Entfaltung des Absoluten dar. Das bedeutet vor allem, dass er die begrifflichen Veränderungen untersucht und explizit zu machen versucht, die implizit in den Wissenschaften seiner Zeit enthalten sind, und dass er auch diese begrifflichen Veränderungen dialektisch entfaltet.

Der Entwicklung der anorganischen und organischen Natur folgt in der *Enzyklopädie* die Entwicklung des subjektiven und objektiven Geistes. Die Entwicklung des subjektiven Geistes entspricht im Wesentlichen der Phänomenologie des Geistes. Die Entwicklung des objektiven Geistes besteht in der Entfaltung von Kunst, Religion, Philosophie und sozialen Institutionen im Rahmen der Weltgeschichte der Menschheit. Für Hegel sind die dialektischen Kriterien auf diesen Ebenen vor allem Freiheit und Selbstbewusstsein. Im Verlauf ihrer Geschichte werden die Menschen selbst immer freier und steigern ihre Selbsterkenntnis, wie sich anhand ihrer künstlerischen Produktionen, ihrer religiösen Auffassungen, ihrer Philosophie und ihrer sozialen und staatlichen Institutionen deutlich machen lässt.

Es liegt nahe, Hegels spekulative Philosophie als Vorboten der Evolutionstheorie anzusehen, vor allem dann, wenn man bedenkt, dass die von Darwin entwickelte biologische Evolutionstheorie mittlerweile durch eine Theorie kultureller Evolutionen ergänzt worden ist und die von Hegel dialektisch beschriebene Entfaltung immer komplexerer Strukturen keineswegs als beabsichtigtes Ergebnis von Handlungen eines höheren Wesens aufgefasst werden muss. Für Hegel selbst ist es jedoch die Aufgabe der Philosophie, die dialektische Entfaltung immer komplexerer Strukturen auf den Ebenen von Natur, Geist und Kultur als historische Entfaltung des Absoluten zu beschreiben. Das Absolute entwickelt sich aus einem Status der undifferenzierten Einheit und Unendlichkeit im Verlauf und vermöge der Geschichte der Natur, der Menschheit und der kulturellen Produkte der Menschen allererst zu einem »Weltgeist« und »Gott«, der am Ende zu seiner vollen Freiheit und Selbsterkenntnis gelangt. Und jeder Mensch, der die spekulative Philosophie studiert, kann die Einsicht gewinnen, dass er an dieser Entwicklung teilhat, und zwar umso mehr, als er mit seinem Handeln und Denken Freiheit und Selbsterkenntnis fördert und realisiert. Für Hegel hilft uns diese Einsicht dabei, uns mit unserem persönlichen Unglück zu versöhnen.

9.61 *Hegel: Philosophie und rationale Theologie*

(1) Rationale Theologie ist der Kern der spekulativen Philosophie.
(2) Spekulative Philosophie ist eine Theorie der Realität, also apriorische Metaphysik. Ihre Kernthese lautet, dass das Endliche nicht das wirklich Seiende ist, sondern im wahrhaft Seienden, dem Unendlichen, aufgehoben ist.
(3) Das Unendliche, auch »das Absolute« genannt, ist das Eine, in dem alles Endliche vereinigt ist, insbesondere auch das Subjektive und das Objektive.
(4) Das Eine, Unendliche, Absolute ist jedoch nicht identisch mit Gott, sondern der Ausgangspunkt einer dynamischen, metaphysischen Entwicklung. Diese Entwicklung hat stets die Form, dass eine Einheit sich von ihrem Gegensatz abgrenzt und diese Gegensätze in einer höheren, aber komplexeren Einheit verbunden werden (etwa vom Sein zum Nichts und von diesem Gegensatz zum Werden). Dieser metaphysische Schritt wird »Dialektik« genannt.
(5) Die dialektische Metaphysik macht sich jedoch auch in der historischen Entwicklung des Universums und der Menschheit geltend, also von rein physischer Materie über die Entstehung chemischer Substanzen, biologischer Systeme bis hin zur Entstehung des Menschen und seiner Geschichte, Institutionen und Kultur.

(6) Im Verlauf der dialektischen Geschichte des Universums und insbesondere der Menschheit entwickelt sich das Absolute zu immer komplexeren mentalen und freieren sozialen Formen, bis es am Ende sich selbst erkennt, also im vollen Sinne bei sich selbst und somit frei ist. Die höchste Stufe des Absoluten ist die höchste Stufe des Bewusstseins (9.9), nämlich das Ich-Bewusstsein (9.9 (2)).
(7) Das Absolute in seiner gesamten dialektischen Entwicklung bis hin zur höchsten Stufe der Freiheit ist der Weltgeist.
(8) Der Weltgeist ist Gott.

Hegels rationale Theologie ist ein integraler Bestandteil seiner spekulativen Philosophie. Und diese Integration ermöglicht es Hegel, allgemeine Begründungen für theologische Aussagen zu geben. Eine Kritik an Hegels rationaler Theologie involviert daher eine Kritik seiner spekulativen Philosophie, die hier nicht geleistet werden kann. Doch sollen zumindest drei Probleme der Hegelschen Philosophie umrissen werden.

9.62 *Drei Probleme der Hegel'schen spekulativen Philosophie und rationalen Theologie*

(1) Der Begriff des Geistes ist eine der zentralen Grundlagen der spekulativen Philosophie Hegels. Für Hegel ist die Substanz des Geistes die Freiheit. Freiheit wird ihrerseits bestimmt durch Bei-sich-selbst-Sein, Unabhängigkeit von externen Sachverhalten und Selbstreflexivität. Die Unabhängigkeit des Geistes von externen Sachverhalten schließt nicht aus, dass sich der Geist auf Externes richtet. Vielmehr gehört es zu seinem Wesen,

auch im Blick auf das andere bei sich selbst zu sein. Weitere zentrale Merkmale des Geistes sind Leben, Aktivität, Denken und vor allem Bewusstsein mit der höchsten Stufe des Ich-Bewusstseins (also der Selbstreflexivität). Repräsentationalität als die aus heutiger Sicht fundamentalste Eigenschaft des Geistes bleibt jedoch ausgeblendet. Das ist nicht verwunderlich, denn erst gegen Ende des 19. Jahrhunderts haben Franz von Brentano und Gottlob Frege die repräsentationale Dimension des Geistes herausgearbeitet.

(2) Die Ausblendung der Repräsentationalität hat bei Hegel gravierende Konsequenzen. Nüchtern betrachtet ist das, was Hegel apriorisches Wissen nennt, ein introspektives Erfassen semantischer Gehalte von Gedanken und mentalen Prozessen. Dies mag zwar ohne zusätzliche empirische Informationen geschehen, doch verbürgt das, was damit erfasst wird, keine Wahrheit und somit auch kein Wissen. Ganz im Gegenteil sind Repräsentationen gerade dadurch ausgezeichnet, dass sie korrekt oder inkorrekt sein können (9.8). Hegel bestimmt das Wissen also fälschlich nicht methodologisch und kriterial, sondern im Blick auf die Gegenstände des Wissens.

(3) Aus heutiger Sicht ist es ebenfalls problematisch, dass Hegel den Begriff des Geistes durch Bezug auf Freiheit expliziert. Nicht nur ist Hegels Vorstellung von Freiheit als Bei-sich-selbst-Sein viel zu vage und eher an trivialen Vorstellungen orientiert, sondern der Freiheitsbegriff ist aus heutiger Sicht gesehen enorm komplex und wird gegenwärtig kontrovers diskutiert. Es stellt daher keine aussichtsreiche Option dar, den Geist durch Rückgriff auf Freiheit zu bestimmen.

Swinburnes grundlegendes Ziel besteht in dem Nachweis, dass die theistische Hypothese, dass Gott existiert, wahrscheinlicher als die atheistische Hypothese ist, dass Gott nicht existiert. Streng deduktive Beweise einer dieser beiden Hypothesen sind nach Swinburnes Meinung undurchführbar. Für die Prüfung theologischer Hypothesen sind vielmehr vor allem die beiden Kriterien Ausgangswahrscheinlichkeit und Erklärungskraft ausschlaggebend. Die theistische Hypothese sollte einerseits eine akzeptable Ausgangswahrscheinlichkeit und andererseits eine zufriedenstellende Erklärungskraft aufweisen. Die Ausgangswahrscheinlichkeit einer Hypothese ist ihre unbedingte Wahrscheinlichkeit ohne Berücksichtigung weiterer Daten oder Belege. Die Prüfung der Erklärungskraft einer Hypothese erfordert eine Auszeichnung des Explanandums, also derjenigen relevanten Phänomene, die es zu erklären gilt. Unter dieser Voraussetzung weist eine Hypothese dann eine zufriedenstellende Erklärungskraft auf, wenn sie die relevanten Phänomene besser erklärt als alternative Hypothesen, wenn also etwa die theistische Hypothese die relevanten Phänomene besser als die atheistische Hypothese erklärt.

Innerhalb dieses methodologischen Rahmens kann, so Swinburne, eine kumulativ-induktive Begründung der theistischen Hypothese entwickelt werden: Die Methode der Begründung ist die der Induktion. Für die induktive Methode werden unter anderem wahrscheinlichkeitstheoretische Rekonstruktionen einiger klassischer Gottesbeweise herangezogen, deren induktive Kumulation die Wahrscheinlichkeit der theistischen Hypothese erhöht.

Einen weiteren Baustein in der Argumentation bildet die Unterscheidung zwischen deduktiv-nomologischer Erklärung und personaler Erklärung. Eine deduktiv-nomologische Erklärung ist eine naturgesetzliche Erklärung (9.12.2). Eine personale Erklärung von X besteht darin, die Handlung H einer Person anzuführen derart, dass X das Resultat von H ist. Da die personale Erklärung keine Spielart naturgesetzlicher Erklärungen ist, muss sie eine intentionale Erklärung (9.12.4) sein.

Das Grundgerüst der Argumentation sieht folgendermaßen aus:

9.63 *Swinburne und die Verteidigung des Theismus*

(1) Die Ausgangswahrscheinlichkeit der theistischen Hypothese TH ist höher als die Ausgangswahrscheinlichkeit der atheistischen Hypothese AH, weil TH einfacher als AH ist.

(2) Begründung von (1)

(2.1) Es gibt drei Begriffe von Einfachheit:

(i) numerische Einfachheit: Es kommen möglichst wenige Entitäten vor.

(ii) nomologische Einfachheit: Es kommen möglichst einfache Naturgesetze vor.

(iii) metaphysische Einfachheit: Grundlegend ist Unendlichkeit von Attributen (etwa unendliche Allmacht, Allwissenheit oder Allgüte), aufgrund derer ein Handeln keiner bestimmten Einschränkung unterliegt und daher für dieses Handeln kein Erklärungsbedarf besteht.

(2.2) Die Ausgangswahrscheinlichkeit einer Hypothese ist proportional zu der Einfachheit der von ihr postulierten Entitäten, Naturgesetze und metaphysischen Ursachen.

(2.3) Aufgrund von (2.1) und (2.2) gilt: TH ist einfacher als AH, insbesondere deshalb, weil Gott über eine Unendlichkeit von Attributen verfügt. Demnach weist TH eine höhere Ausgangswahrscheinlichkeit als AH auf.

(3) Die Erklärungskraft von TH ist in Hinsicht auf die relevanten Phänomene (etwa den Urknall, die Existenz des Universums im Ganzen, seine Naturgesetze, die Entwicklung von funktional angepassten Lebensformen oder das Bewusstsein) größer als die Erklärungskraft von AH.

(4) Begründung von (3)

(4.1) Schöpfungsakt: AH muss den Urknall und damit die Entstehung des Universums im Ganzen als Zufallsereignis, also als ein unerklärliches Phänomen verstehen. TH kann dagegen dieses Ereignis als Resultat einer geplanten Handlung Gottes und damit auf personale Weise erklären.

(4.2) Feinabstimmungsargument (siehe oben 9.54): Im Rahmen des Urknalls mussten extrem unwahrscheinliche Werte mehrerer Naturkonstanten zusammenkommen, damit das Universum diejenige Entwicklung und Ordnung (die relevanten Phänomene wie etwa die Naturgesetze, die Entwicklung von funktional angepassten Lebensformen, die Entstehung von Tieren, die einen Geist und Gefühle aufweisen, sowie von Menschen, die über Ich-Bewusstsein verfügen und sich ein moralisches Gesetz geben können) manifestieren konnte, die wir beobachten können. AH kann die extreme Unwahrscheinlichkeit der relevanten Phänomene nur feststellen und bietet daher für diese Phänomene nur eine sehr geringe Erklärungskraft. TH impliziert dagegen, dass Gott eine Art von Person ist und Handlungen ausführen kann. TH kann daher darauf verweisen, dass Gott in seinem

Schöpfungsakt in der Lage und willens war, genau die erforderlichen Randbedingungen einzurichten, um die relevanten Phänomene zu generieren, und bietet für diese Phänomene daher eine zufriedenstellende intentionale Erklärung.

(5) Aus (1), (2) und (3) folgt: TH ist besser bestätigt als AH.
(6) Religiöse Erfahrungen mit Gott sind einigermaßen verlässlich, wenn es nicht extrem unwahrscheinlich ist, dass Gott existiert.
(7) Aus (5) folgt: Es ist nicht extrem unwahrscheinlich, dass Gott existiert.
(8) Aus (5)–(7) folgt:
 (i) Wir können religiösen Erfahrungen vertrauen und sie daher als weitere Belege für TH und gegen AH akzeptieren.
 (ii) Wir haben gute Gründe für die Akzeptanz von TH und die Zurückweisung von AH.

Die wichtigsten Einwände, die gegen Swinburnes Verteidigung des Theismus vorgebracht worden sind, lassen sich folgendermaßen zusammenfassen.

9.64 *Kritik an Swinburnes Theismus*

(1) Das Argument (1)–(8) besitzt die Struktur eines teleologischen Gottesbeweises, sieht sich also auch der bereits ausgeführten generellen Kritik am teleologischen Gottesbeweis (9.51) ausgesetzt.
(2) Die theistische Hypothese mag einfach sein, sie ist aber gerade deshalb auch zu oberflächlich und zu einförmig. Denn es gibt nichts, was nicht dadurch erklärt werden könnte, dass ein allmächtiges Wesen seine Existenz herbeiführen wollte und sie deshalb auch herbeigeführt hat.

(3) Das Argument der explanatorischen Einfachheit gilt prinzipiell auch für sehr schlechte Dinge und Zustände und ist daher zu unspezifisch.

(4) Die theistische Hypothese bietet in der einfachen Form (4.1) und (4.2) keine ultimative letzte Erklärung. Denn wenn die Existenz von X dadurch erklärt wird, dass der personale All-Gott X erschaffen wollte und daher auch erschuf, dann kann (wie das Theodizee-Problem zeigt) immer noch gefragt werden, warum Gott das X und nicht vielmehr das nicht-X realisiert hat. Daher ist eine weitere Erklärung erforderlich, deren Prämissen vielleicht ihrerseits erklärt werden müssen, usw. *ad infinitum.*

(5) Andererseits begegnen in vielen empirischen Wissenschaften Aussagen, die bestimmte Fakten konstatieren, für die keine weitere Erklärung zur Verfügung steht und die vielleicht niemals erklärt werden können. Nehmen wir an, es sei tatsächlich wahr, dass Teilereignisse eines atomaren Zerfalls ohne jede Ursache in die Welt treten, dass solche Vorgänge aber im Größenbereich von neuronalen Prozessen des menschlichen Gehirns nicht auftreten. In diesem Falle könnte, muss aber nicht gefragt oder gar erklärt werden, warum das so ist. Es wäre unproblematisch, wenn wir bei der bloßen Feststellung dieser Tatsachen stehenbleiben müssten. Es würde sich dann eben um letzte Tatsachen handeln. Würden wir hinzufügen, dass Gott genau dies so gewollt hat, so würden wir offensichtlich kaum schlauer sein.

(6) Der Theismus, den Swinburne verteidigt, scheint davon auszugehen, dass wir stets bis zu letzten Erklärungen vordringen müssen und dabei notwendigerweise auf den einen personalen All-Gott stoßen. Doch diese Auffassung ist problematisch:

(a) Swinburne liefert kein zwingendes Argument für die Annahme, dass der Gott, dessen wahrscheinliche Existenz nachgewiesen werden soll, der personale All-Gott und nicht eine andere Art von Gott ist.

(b) Selbst wenn das Argument auf den All-Gott stößt, kann immer noch gefragt werden, warum es den personalen All-Gott überhaupt und insbesondere warum es einen personalen All-Gott und nicht vielmehr einen radikal transzendenten unpersönlichen Gott gibt. Swinburnes sogenannte letzte Erklärung ist auch aus diesem Grund keine letzte Erklärung.

(c) Swinburne blockiert an dieser Stelle jede Möglichkeit für eine Erklärung. Der personale All-Gott ist in seinen Fähigkeiten uneingeschränkt und unendlich, und diese Unendlichkeit ist aktual, sie besitzt ein Maximum, das prinzipiell nicht mehr hinterfragt werden kann. Doch kann man durchaus geltend machen (vgl. hier unten, S. 194–205, dass die Idee einer aktualen Unendlichkeit in sich widersprüchlich und damit leer ist.

(7) Das Feinabstimmungsargument kann möglicherweise durch eine neue physikalische Schöpfungsgeschichte (9.86) entschärft, wenn nicht sogar ausgeräumt werden.

Rationale Hoffnung auf Gott (Tetens)

Das minimale Ziel der theistischen Argumentation von Tetens besteht im Nachweis, dass die Hypothese von der Existenz eines Gottes nicht nur eine mögliche und widerspruchsfreie Idee, sondern nach rationalen und wissenschaftstheoretischen Kriterien eine ernsthaft zu erwägende Position ist. Das bedeutet auch, das Dasein von Gott ernst zu nehmen, mit guten Gründen auf Gott zu hoffen und rational über Gott reden zu können. Gott ist ein unendliches Geist-Subjekt, das durch nichts eingeschränkt ist, das es selber nicht ist, und zwar weder auf epistemischer noch auf volitionaler bzw. durch einen Willen bestimmter Ebene. Dieser Gott denkt keine begrifflichen oder logischen Widersprüche, er denkt nur das Vernünftige, Gute und Schöne, und er will nichts Unvernünftiges.

Gott ist ferner kein Teil der Welt, aber auch nicht identisch mit der Welt, denn die Welt ist kein Geist-Subjekt. Aber Gott befindet sich auch nicht außerhalb der Welt, denn dann wäre er durch die Welt beschränkt. Folglich kann die Welt nur ›in‹ Gott sein, allerdings nicht im räumlichen Sinn, sondern in der Weise, dass die Welt zum Inhalt seiner Gedanken gehört. Gott vermag zu denken, aber sein Denken ist nicht fehlerhaft. Gott denkt X genau dann, wenn X der Fall ist. In diesem Sinn hat alles, was real ist, seinen Grund im Denken Gottes.

Tetens vertritt also letzten Endes eine Variante des Panentheismus. Im Folgenden werden zwei seiner zentralen Argumentationsschritte aufgegriffen, nämlich zum einen seine Kritik am Naturalismus, und auf der Basis dieser Kritik zum anderen sein Argument, dass Gott als unendliches Ich-Subjekt zu verstehen ist und seine Existenz in teleologische Erklärungen eingebettet werden kann.

Ein verbreiteter Angriff auf den Theismus fußt, wie Tetens zu Recht geltend macht, auf dem Naturalismus. Dieser Angriff geht davon aus, dass die gesamte Realität nur aus natürlichen Dingen besteht und es daher in der Realität weder Geister noch Götter noch Seelen noch andere übernatürliche Kräfte oder Wesen gibt. Der Naturalismus, wie Tetens ihn versteht, wird seit Ende des 19. Jahrhunderts von den Naturwissenschaften anerkannt und fußt auf drei Maximen:

(N1) Teleologische Erklärungen sind außerhalb des menschlichen Handelns nicht wissenschaftlich.
(N2) Es darf keine wissenschaftlichen Erklärungen geben, die

von den Absichten und Handlungen einer transzendenten Intelligenz ausgehen.

(N3) Außerhalb des menschlichen Handelns soll letztlich alles auf naturgesetzliche Weise erklärt werden.

Daraus folgern die Naturalisten, dass der Theismus falsch und der Atheismus wahr ist. Aufgrund von (N1) und (N2) handelt es sich genauer gesagt um einen methodischen Atheismus.

Dieser Naturalismus wird jedoch nach Auffassung von Tetens vorschnell zugrunde gelegt. Analysiert man ihn genauer, so erweist er sich als mindestens ebenso fragil wie die Gotteshypothese. Die Thesen (N1) und (N3) werden axiomatisch gesetzt, und daraus wird (N2) und somit der methodische Atheismus gefolgert. (N1) und (N3) stellen, da sie selbst nicht weiter begründet werden, metaphysische Annahmen dar, die es von vornherein ausschließen, die Existenz Gottes nachzuweisen. Tatsächlich ist es aber durchaus möglich, dass sie sich irgendwann als falsch erweisen.

Darüber hinaus leidet der Naturalismus unter einem explanatorischen Defizit, denn bisher ist es nicht gelungen, das psychologische Vokabular, mit dem wir mentale Zustände und Prozesse beschreiben, definitorisch auf ein naturalistisches Vokabular zurückzuführen. In diesem zentralen Punkt zeigt sich, dass der Naturalismus stagniert.

9.65 *Tetens: Naturalismus und Theismus*

(1) Der Naturalismus behauptet:
   (a) Teleologische Erklärungen (9.12.4) sind nur im Zusammenhang mit menschlichem Handeln zulässig.
   (b) Erklärungen, die von Absichten und Handlungen

einer transzendenten Intelligenz ausgehen, sind unzulässig.
   (c) Abgesehen vom menschlichen Handeln müssen alle Sachverhalte naturgesetzlich erklärt werden (9.12.2).
   (d) Die Thesen (a)–(c) sind methodologische Axiome der modernen Wissenschaft.
   (e) Der Theismus bietet eine teleologische Erklärung für viele Sachverhalte an, die von Absichten und Handlungen einer transzendenten Intelligenz ausgehen.
   (f) Aus (a)–(e) folgt, dass der Theismus unwissenschaftlich und falsch ist.
   (g) Aus (f) folgt, dass der Atheismus wissenschaftlich und wahr ist.
(2) Kritik am Naturalismus
   (a) Der Naturalismus ist keine gut begründete Theorie, sondern besteht aus axiomatisch gesetzten Thesen.
   (b) Der Naturalismus kann psychologische Aussagen über geistige Phänomene nicht aus Aussagen über rein natürliche Phänomene ableiten.
   (c) Nach (a)–(b) fällt ein zentraler Grund für die Verteidigung des Atheismus und die Kritik am Theismus weg.
   (d) Aus (c) folgt nicht, dass der Theismus wahr ist, wohl aber,
      (i) dass es falsch ist, zu behaupten, dass Atheismus und Naturalismus wissenschaftliche Positionen, während Theismus und Anti-Naturalismus unwissenschaftliche Positionen sind, und
      (ii) dass daher die Synthese von Theismus und

Anti-Naturalismus einerseits sowie die Synthese von Atheismus und Naturalismus andererseits gleichwertige und ernstzunehmende Positionen sind.

Aufgrund dieser Schlussfolgerung widmet sich Tetens einer rationalen Diskussion des Theismus. In einem ersten Schritt geht es ihm um die Begründung des Begriffs von Gott als unendlichem Ich-Subjekt oder Geist-Subjekt.

9.66 *Tetens: Gott als unendliches Ich-Subjekt*

(1) Wir wissen, dass wir endliche Ich-Subjekte sind.

Aus (1) folgt:

(2) Der Gedanke, dass es unendliche Ich-Subjekte gibt, die weder in ihrer Erkenntnistätigkeit noch in ihrem Willen eingeschränkt sind, ist widerspruchsfrei. Daher ist es möglich, dass es unendliche Ich-Subjekte gibt.

(3) Es kann nicht mehr als ein einziges unendliches-Subjekt geben, denn würde es mehrere unendliche Ich-Subjekte geben, dann würden sie sich gegenseitig im Widerspruch zu (2) einschränken.

(4) Wenn es tatsächlich ein unendliches Ich-Subjekt gibt, dann können wir es Gott nennen.

(5) Wenn Gott als unendliches Ich-Subjekt existiert, dann lassen sich teleologische Erklärungen in die rationale Theologie einbetten.

(6) Gott als (einziges) unendliches Ich-Subjekt ist nicht nur möglich, sondern existiert tatsächlich.

(7) Begründung von (6): Allein These (6) kann erklären, dass es endliche Ich-Subjekte gibt.

(8) Die allgemeine Form der in (5) genannten explanatorischen Einbettung lässt sich folgendermaßen skizzieren:

(a) Annahmen:

(i) Y ist möglich, aber nicht der Fall;

(ii) P will, dass Y existiert;

(iii) X ist nur dann der Fall, wenn Y der Fall ist;

(iv) P erschafft als vernünftiges Wesen X.

Aus (i)–(iv) folgt

(v) P erschafft auch Y, und zwar um X willen, also mit dem Ziel, es zu ermöglichen, dass X erschaffen wird.

(vi) Ein externer Beobachter von X und Y wird behaupten können, dass Y um X willen real ist.

(b) Anwendung von (a) auf den theologischen Fall: Setzen wir X = Auftreten von endlichen Ich-Subjekten, Y = Universum und seine Geschichte bis zum Auftreten endlicher Ich-Subjekte, P = Gott, so gilt:

(i) Das Universum ist möglich, aber existiert (noch) nicht;

(ii) Gott als unendliches Ich-Subjekt will, dass es endliche Ich-Subjekte gibt;

(iii) Endliche Ich-Subjekte kann es nur dann geben, wenn eine entsprechend geeignete Geschichte des Universums zum Entstehen von endlichen Ich-Subjekten führt.

(iv) Gott als unendliches Ich-Subjekt erschafft das Universum und seine Geschichte um der Entwicklung endlicher Ich-Subjekte willen, und

(v) ein externer Beobachter von X und Y würde behaupten können, dass das Universum um der endlichen Ich-Subjekte willen real ist.

Ferner gilt:

(vi) Endliche Ich-Subjekte müssen unter anderem ihre Handlungen mental planen können;
(vii) wegen (iii) muss die Natur durch verlässliche Naturgesetze geregelt sein und darf keine Wunder aufweisen;
(viii) wegen (vi) gibt es Aktivitäten endlicher Ich-Subjekte, die sich teleologisch, aber nicht naturalistisch erklären lassen;
(viii) Thesen (i)–(v) werden auch das »anthropische Prinzip« genannt.

Das Argument 9.66 nimmt in der Verteidigung des Theismus von Tetens eine Schlüsselstellung ein. Denn dieses Argument enthält unter anderem eine Begründung (wenn auch nicht einen streng deduktiven Beweis) für die Existenz Gottes als eines unendlichen Ich-Subjekts.

In dieser Begründung spielt das anthropische Prinzip eine tragende Rolle: Gott will uns Menschen, doch muss er uns dann als endliche Ich-Subjekte erschaffen. Einerseits können wir nicht unendliche Ich-Subjekte sein, denn dann wären wir selber Götter. Andererseits müssen wir materiell verkörperte Ich-Subjekte sein, denn wir erleben uns derart, dass wir eine subjektive Innerlichkeit aufweisen und zugleich anderen Ich-Subjekten begegnen und mit ihnen kommunizieren können. Dieser Tatbestand setzt jedoch die materielle Verkörperung unserer Subjektivität und unseres Geistes voraus. Die theistische Hypothese, dass Gott existiert und uns Menschen als endliche Ich-Subjekte erschafft, erklärt also, warum wir als selbstreflexive geistige Wesen in einer materiellen Welt leben und warum für unsere geistigen Zustände materielle Bedingungen notwendig sind, wie es die Naturwissenschaften festgestellt haben. Aus diesem Argument folgt, dass der Theismus zu bevorzugen wäre:

9.67 *Verteidigung des Theismus*

Aus 9.66 folgt:

(1) Nur der anti-naturalistische Theismus, nicht aber der naturalistische Atheismus, kann erklären, wie endliche Ich-Subjekte allein aus natürlichen Bedingungen hervorgehen konnten.
(2) Daher weist die theistische Hypothese mehr Erklärungskraft auf als die atheistische Hypothese und ist daher zu bevorzugen.
(3) Daher dürfen wir aus rationalen Gründen hoffen, dass Gott als unendliches Ich-Subjekt nicht nur widerspruchsfrei möglich ist, sondern auch tatsächlich existiert.
(4) Gott musste Menschen als endliche und somit materiell verkörperte Ich-Subjekte erschaffen. Die materielle Verkörperung ist unvermeidlich nicht nur mit Lust, sondern auch mit Schmerz und Leid korreliert.

These 9.67 (4) legt die Grundlage für eine Bewältigung des Theodizee-Problems. Zur endgültigen Lösung dieses Problems kann der Theismus darauf hinweisen, dass er angesichts des vielen Unrechts, das im Diesseits ungesühnt bleibt, im Gegensatz zum Atheismus Trost anbieten kann. Der theistische Trost beruht auf dem Erlösungsgedanken. Zwar muss das christliche Postulat, dass Gott seinen Sohn am Kreuz geopfert hat, damit dieser die sündige Menschheit erlöst, als absurd angesehen werden, und dies gilt auch für die christliche Annahme einer ontologischen Trinität Gottes. Doch der Theismus kann geltend machen:

9.68 *Die Möglichkeit der Erlösung*

(1) Weil der Naturalismus nicht rational begründet werden kann und ein erhebliches Problem mit der Körper-Geist-Relation hat, ist es möglich, dass sich das Ich-Bewusstsein als mentales Gebilde auf irgendeine Weise über den physischen Hirntod hinaus fortsetzt.

(2) Gott kann das Leben und Bewusstsein einer endlichen Person in seinem Denken aufbewahren und sie in einen neuen Körper einbetten, und

(3) Gott kann der neuen Körperlichkeit Naturgesetze aufprägen, die das Entstehen von Übeln ausschließen.

(4) Mit (1)–(3) kann Gott selbst als Erlöser beschrieben werden.

(5) Insgesamt dürfen wir daher zumindest rational begründbar auf Gott und unsere Erlösung hoffen, während uns der Atheismus angesichts des Unglücks und Unrechts, das so viele Menschen erleiden müssen, in Trostlosigkeit, Verzweiflung und Hoffnungslosigkeit stürzt.

9.69 *Kritik am Tetens-Theismus*

(1) Beim Naturalismus, den Tetens kritisiert, um den Theismus zu stützen, handelt es sich um eine identitätstheoretische Variante. Seine zentrale These lautet: Alle Komponenten der Realität sind identisch mit natürlichen Phänomenen.

(2) Die harte Version des Naturalismus kennzeichnet Phänomene dann als natürlich, wenn sie von Physik oder Chemie beschrieben werden können. Die weiche Version hält Phänomene für natürlich, wenn sie von den

Erfahrungswissenschaften (Physik, Chemie, Biologie, Psychologie oder Tierforschung) beschrieben werden können.

(3) Der weiche Naturalismus beschäftigt sich auch mit Formen des Geistes und Formen der sozialen Organisation. Er wird oft durch einen nicht-reduktiven Physikalismus ergänzt, der behauptet, dass mentale Zustände und Prozesse kausal von physikalischen Zuständen und Prozessen (unter anderem von neuronalen Aktivitäten des Gehirns) abhängen oder über ihnen supervenieren (dass also jeder Unterschied in nicht-physikalisch beschriebenen Dingen wie etwa in mentalen Zuständen einem Unterschied in physikalisch beschriebenen Dingen entspricht, aber nicht umgekehrt). Die Synthese aus weichem Naturalismus und nicht-reduktivem Physikalismus wird meist »nicht-eliminativer Naturalismus« genannt.

(4) Der nicht-eliminative Naturalismus gilt als sehr plausibel und wird durch zahlreiche neurowissenschaftliche Daten gestützt.

(5) Der identitätstheoretische Naturalismus ist zwar mit großer Wahrscheinlichkeit falsch, doch folgt daraus keine Entlastung für den Theismus. Denn der nicht-eliminative Naturalismus ist wahrscheinlich korrekt, jedoch mit dem Theismus unvereinbar. Daher ist der Theismus wahrscheinlich falsch.

(6) Der argumentative Übergang von der Existenz endlicher Ich-Subjekte zur Möglichkeit eines unendlichen Ich-Subjektes ist problematisch. Der semantische religiöse Agnostizismus argumentiert, dass dieser Übergang zu Widersprüchen führt und daher unzulässig ist (siehe unten 9.85.3).

(7) Zur Kritik am Panentheismus, der von Tetens vertreten wird, siehe oben (9.24).
(8) Darüber hinaus haben sich geistige Fähigkeiten in der Evolution der Lebewesen in einem langen Prozess sukzessive entwickelt. Es wäre also möglich gewesen, dass die Evolution der Lebewesen auf unserer Erde zwar Pflanzen, aber keine Tiere und Menschen mit einem Geist, oder zwar Tiere mit einem Geist, aber nicht Menschen mit ihrem humanspezifischen Geist hervorgebracht hätte.
(9) Dieselbe Argumentation, mit der Tetens die Erschaffung menschlicher endlicher Ich-Subjekte durch Gott teleologisch erklären will, würde auch für die Erschaffung der Primaten gelten, selbst wenn sich aus Primaten keine Hominiden oder Menschen entwickelt hätten. Denn der Geist erwachsener Schimpansen ist mit dem Geist 1,5-jähriger menschlicher Kleinkinder nahezu identisch.
(10) Die Möglichkeit, dass wir Menschen nach unserem Tod mit Gottes Hilfe überleben, widerspricht nicht nur den zahllosen neurowissenschaftlichen Daten, die eine Bindung mentaler Zustände an ein aktives lebendes Gehirn belegen, sondern kann auch nicht auf den Menschen allein reduziert werden, ohne gänzlich unplausibel zu werden.

Die Diskussion über den Theismus darf hier nicht abgeschlossen werden, ohne zu erwähnen, dass im folgenden zweiten Teil des vorliegenden Grundkurs-Bandes eine Reihe von kritischen Einwänden gegenüber atheistischen und agnostizistischen Positionen angeführt werden (siehe 9.74, 9.76, 9.80, 9.83, 9.87, 9.91, 9.105). Offensichtlich lassen sich diese Einwände zugleich als weitere Argumente zugunsten des Theismus betrachten.

Denn wenn der Theismus die Negation des Atheismus ist, dann wird jede Kritik am Atheismus auch zu einer stützenden Komponente für den Theismus. Insofern werden wir in Teil 2 auch einigen Elementen des Theismus wiederbegegnen.

Teil 2
Atheismus und Agnostizismus

2.1 Atheismus und klassischer Agnostizismus

Varianten des Atheismus

In Teil 1 wurde der Theismus in den Kontext der rationalen Theologie eingebettet. Das bedeutet im Wesentlichen, dass der Theismus

(i) die Behauptung umfasst, dass Gott existiert und bestimmte Eigenschaften hat, sowie
(ii) die Behauptung (i) zu begründen versucht.

Entsprechend wird der Atheismus als Negation des Theismus verstanden. Das bedeutet im Wesentlichen, dass der Atheismus

(iii) die Behauptung umfasst, dass Gott nicht existiert, und
(iv) die Behauptung (iii) zu begründen versucht.

In Teil 1 wurde zu den meisten theistischen Vorschlägen auch eine Kritik skizziert. Wenn der Atheismus die Negation des Theismus ist, dann bildet jede Kritik am Theismus eine Komponente des Atheismus. Insofern wurden bereits in Teil 1 einige Elemente des Atheismus angesprochen (siehe 9.15, 9.17, 9.19, 9.21, 9.24, 9.26, 9.29, 9.31, 9.37, 9.39, 9.40, 9.42, 9.44, 9.47, 9.48, 9.51, 9.53, 9.55, 9.58, 9.60, 9.64, 9.69). Ähnlich werden, wie bereits erwähnt, im folgenden zweiten Teil grundlegende Vorbehalte gegenüber dem Atheismus aus Sicht des Theismus skizziert, die wie gesagt als weitere Komponenten des Theismus zu gelten haben.

Nicht nur für den Theismus, sondern auch für den Atheismus stellt es ein theoretisches Problem dar, dass es, wie wir gesehen haben, verschiedene Begriffe von Gott gibt. Der Atheismus umfasst daher verschiedene Varianten, je nachdem, welcher Gottesbegriff zugrunde gelegt wird. Unter Berücksichtigung der verschiedenen Gottesbegriffe lässt sich ein globaler Atheismus von einem lokalen Atheismus unterscheiden:

9.70 *Globaler und lokaler Atheismus*

Der globale Atheismus behauptet und versucht für alle Gottesbegriffe zu begründen, dass Gott nicht existiert. Der lokale Atheismus vertritt diese Position nur für einen oder für wenige spezifizierte Gottesbegriffe.

Während jede theistische Position mit einem globalen Atheismus logisch unvereinbar ist, kann eine theistische Position mit einem lokalen Atheismus logisch vereinbar sein. Tatsächlich kommt eine solche Konstellation im Rahmen des Theismus häufig vor. Ein Theist, der etwa von einem nicht-personalen Gott ausgeht, ist in Bezug auf den personalen Gottesbegriff ein lokaler Atheist. Die Römer betrachteten die Urchristen zunächst als Atheisten – und zwar nicht deshalb, weil die Urchristen nicht an einen Gott, sondern weil sie nicht an die römischen Götter glaubten. Meist hat der Atheismus sich jedoch das Ziel gesetzt, zu beweisen, dass es überhaupt keine Götter gibt. In diesem Fall handelt es sich um einen globalen Atheismus. An dieser Stelle ist weiterhin zu bedenken, dass viele Religionen, unter anderem sogenannte Stammesreligionen, nicht nur nicht monotheistisch sind, sondern auch keinen Begriff von Gott, sondern etwa einen Begriff von Naturgeistern, verstorbenen Vorfahren oder übernatürlichen, übermächtigen und in diesem Sinne göttlichen Naturkräften kennen. Viele

Religionen sind entsprechend auf Religionen mit expliziten Gottesbegriffen, erst recht aber relativ auf monotheistische Religionen gesehen lokal-atheistisch.

Ein globaler Atheismus ist schwer zu verteidigen und wurde bisher auch kaum verteidigt. Im Rahmen der Begründung des globalen Atheismus müssten alle bekannten Gotteskonzeptionen durchgegangen und in allen diesen Fällen einzelne Argumentationen präsentiert werden. Möglicherweise könnte sich der globale Atheismus auf das Argument zurückziehen, dass in dem Falle, solange übernatürliche Wesen angenommen werden (wie es in allen Religionen der Fall zu sein scheint), es ausreicht, den Naturalismus zu verteidigen, um den globalen Atheismus zu begründen. Doch dieser Ansatz hängt wesentlich davon ab, welches der vielen Konzepte von Naturalismus verwendet wird.

Im Alltag wird häufig über die Unterscheidung und den Gegensatz zwischen Gläubigen und Ungläubigen gesprochen. Diese Unterscheidung bezieht sich stets auf einen bestimmten lokalen Theismus oder Atheismus und unterstellt eine fideistische Einstellung, die auch psychologischer Theismus bzw. Atheismus genannt wird, weil es sich lediglich darum handelt, dass ein mentaler Zustand auftritt. Religiöser Glaube oder Unglaube in diesem psychologischen Sinne stellt offensichtlich kein Thema für die rationale Theologie dar. Allerdings lässt sich im Rahmen der rationalen Theologie ein negativer Atheismus von einem positiven Atheismus unterscheiden:

9.71 *Positiver und negativer Atheismus*

(1) Die positive Atheistin sieht sich in der Lage, die These begründen zu können, dass Gott nicht existiert. Die negative Atheistin nimmt an, dass der Theismus nicht überzeugend begründet werden kann.

(2) Ein negativer Atheist zu sein bedeutet, kein Theist zu sein. Dafür ist es nicht notwendig, überzeugende Argumente dafür zu liefern, dass Gott nicht existiert.

Negativer Atheismus

Eine der wichtigsten Aufgaben für den Atheismus besteht darin, die christlichen Gottesbeweise zu widerlegen, insbesondere den ontologischen, kosmologischen und teleologischen Gottesbeweis, die jeweils bereits ab dem 17. Jahrhundert vorgetragen wurden. Gottesbeweise spielen in den Debatten zwischen Theisten und Atheisten unter erkenntnistheoretischen bzw. epistemologischen Aspekten eine paradigmatische Rolle. Sollte es gelingen, die Gottesbeweise zu entkräften, so dürfte dieses Resultat zumindest im Rahmen der rationalen Theologie dem Atheismus in die Hände spielen. Aus einer solchen Entkräftung folgt, dass es keine hinreichende Evidenz oder Rechtfertigung für den vollen Glauben an die Existenz Gottes gibt.

Genauer gefasst ist es der negative Atheismus, der als begründet gelten kann, wenn der Theismus als unbegründet eingestuft werden würde. Diese Diagnose beruht unter anderem auf dem Präsumptionsprinzip. Im Rahmen einer Anklage vor Gericht beruht zumindest in einem funktionierenden Rechtsstaat jede juristische Argumentation auf dem Prinzip der Unschuldsvermutung. Damit wird festgelegt, wer die Beweislast zu tragen hat: Es ist nicht der Angeklagte, der seine Unschuld, sondern es ist der Ankläger, der die Schuld des Angeklagten beweisen muss. Der Angeklagte gilt bis zum Beweis des Gegenteils als unschuldig. Das Prinzip der Unschuldsvermutung lässt sich verallgemeinern:

9.72 *Allgemeines Präsumptionsprinzip*

Angenommen, zwei Thesen T1 und T2 sind miteinander unvereinbar, können also nicht zugleich wahr sein. Wenn T1 gut in unser wissenschaftliches Weltbild passt, während T2 über unser wissenschaftliches Weltbild hinausgeht, dann gilt die Unterstellung (also die Präsumption), dass T1 korrekt ist – bis zum Beweis des Gegenteils, also bis zum Beweis von T2.

Theismus und Atheismus sind miteinander unvereinbar, aber ein Gott im Sinne des Theismus der rationalen Theologie lässt sich im Rahmen unserer empirischen und wissenschaftlichen Erkenntnismöglichkeiten nur schwer erkennen. Dem Präsumptionsprinzip zufolge trägt also der Theismus und nicht der Atheismus die Beweislast. Und wenn er diese Beweislast nicht erfüllen kann, ist der Atheismus gerechtfertigt. Der Vorteil dieser Diagnose besteht darin, dass sowohl der Theismus als auch der Atheismus nicht als dogmatische Positionen aufgefasst werden. Denn ob der Theismus seine Position überzeugend begründen kann, wird sich niemals endgültig entscheiden lassen. Es ist immer möglich, dass bessere Begründungen oder auch bessere Einwände gefunden werden. Und somit lässt sich auch der negative Atheismus niemals endgültig sichern. Dennoch macht es einen erheblichen Unterschied aus, ob es lediglich um Argumente für und gegen den Theismus oder zusätzlich auch noch um gesonderte Argumente für und gegen den Atheismus geht. Der negative Atheismus ist offensichtlich eine schwächere Position als der positive Atheismus. Die grundlegende Struktur des negativen Atheismus ist auch das Keine Argumente-Argument genannt worden:

9.73 *Das Keine-Argumente-Argument des negativen Atheismus*

(1) Das Fehlen guter Gründe für den Glauben, dass Gott existiert, stellt einen guten Grund für den Glauben dar, dass Gott nicht existiert.
(2) Das in (1) genannte Fehlen guter Gründe stellt keine guten Gründe für den Glauben dar, dass Gott existiert.
(3) Prämisse (2) wird durch die Menge der kritischen Einwände gegen theistische Positionen gestützt (siehe 9.15, 9.17, 9.19, 9.21, 9.24, 9.26, 9.29, 9.31, 9.37, 9.39, 9.40, 9.42, 9.44, 9.47, 9.48, 9.51, 9.53, 9.55, 9.58, 9.60, 9.64, 9.69).

Also:

(4) Es gibt gute Gründe dafür, zu glauben, dass Gott nicht existiert.

Die Kritik an theistischen Positionen, die in 9.73 (3) erwähnt wird, stammt zu einem großen Teil aus dem theistischen Lager. Insofern trägt die interne theistische Diskussion zum Teil auch zur Begründung lokaler atheistischer Positionen bei. Allerdings stellt sich stets nicht nur die Frage, ob vorgelegte Beweise überzeugend sind, sondern auch, ob die Kritik an diesen Beweisen überzeugend ist. In diesem Zusammenhang wurde eine erkenntnistheoretische Kritik am negativen Atheismus vorgebracht:

9.74 *Kritik am negativen Atheismus*

(1) Der negative Atheismus setzt voraus:
    (a) Der theistische Glaube an Gott stellt einen vollen Glauben, also eine zweifelsfreie Überzeugung dar.
    (b) Die Kritik an den Gottesbeweisen muss daher nicht

selbst ein deduktiver Beweis sein, vielmehr genügt der Nachweis, dass es keine hinreichende Evidenz oder Rechtfertigung für den vollen Glauben an die Existenz Gottes gibt.

(2) Eine verbreitete moderne theistische Position besagt jedoch,
   (a) dass Gott mit mehr als 50 %iger Wahrscheinlichkeit existiert,
   (b) dass daher Annahme (a) aus (1) falsch ist und somit das Argument (1) nicht akzeptabel ist, und
   (c) dass daher ein Glaube an die Existenz Gottes gerechtfertigt sein kann, der gewisse Zweifel an der Existenz Gottes involviert.

Mit dem Argument (2) aus 9.74 beruft sich der Theismus (wie auch einige Gottesbeweise zeigen) auf die erkenntnistheoretische Position des Evidentialismus:

9.75 *Evidentialismus*

(1) Eine Meinung ist nur dann gerechtfertigt (also hinreichend begründet), wenn sie der Evidenz, also überzeugenden Belegen, entspricht.

(2) Wenn eine Meinung bewiesen werden kann, dann ist die Evidenz konklusiv und die Meinung eine zweifelsfreie Überzeugung. Wenn die Evidenz dagegen nur dafür spricht, dass es mehr als 50 % wahrscheinlich ist, dass die Meinung zutrifft, dann darf diese Meinung vertreten werden, schließt aber einen gewissen Zweifel mit ein.

(3) Als Evidenz kommen Wahrnehmungen, logisch selbstevidente Meinungen und Aussagen, aber auch verlässli-

che Erinnerungen und Introspektionen infrage, nicht dagegen etwa Meinungen, deren Inhalte mystische Erfahrungen darstellen oder in Offenbarungsschriften geäußert werden. All das gilt auch für religiöse Meinungen.

(4) Daraus folgt, dass nur nicht-religiöse Meinungen oder Thesen für religiöse Meinungen evident sein können. Religiöse Meinungen lassen sich, wenn überhaupt, dann nur durch nicht-religiöse Meinungen rechtfertigen.

Einige Gläubige (also Menschen, die im religiösen Sinne gläubig sind) verbinden einen uneingeschränkten Glauben an Gott mit einigen Gründen für Zweifel. Und einige Gläubige sind der Auffassung, dass sie keinen Grund dafür sehen, zu zweifeln, dass es aber auch keine gute Evidenz für ihren Glauben gibt. Dem Evidentialismus zufolge sind beide Standpunkte irrational und somit unzulässig. Allerdings wurde der Evidentialismus auch kritisiert:

9.76 *Kritik am Evidentialismus*

Der Evidentialismus ist selbst-referentiell inkonsistent, da es keine Evidenz für den Evidentialismus gibt.

Positiver Atheismus

Die gegenwärtige rationale Theologie konzentriert sich, wie bereits angedeutet, auf den Gott der abrahamitischen Religionen, also auf einen ewigen, immateriellen, durchweg geistigen, allmächtigen, allwissenden und moralisch perfekten Schöpfergott. Denn es ist dieser All-Gott (9.16), an den gegenwärtig die meisten Menschen glauben, den sie verehren und zu dem sie beten. Die These, dass dieser spezielle Gott nicht existiert, stellt demnach zwar eine Form des lokalen Atheismus dar, doch hätte diese spezielle Variante des lokalen Atheismus, sollte sie akzeptabel sein, weitreichende Konsequenzen für sehr viele Gläubige.

In Teil 1 ist bereits erwähnt worden, dass die All-Gott-Hypothese problematisch ist, weil sie sich auf einen Personen-Begriff berufen muss, der gegenwärtig umstritten ist (siehe 9.17). Im Folgenden geht es jedoch um zwei geläufige Argumente zugunsten des allgemeinen positiven Atheismus (9.71 (1)). Beide Argumente folgen derselben Strategie. Sie greifen in methodologischer Hinsicht die Überlegungen des einflussreichen Theisten Richard Swinburne auf (siehe 9.63), indem sie sich auf die Wahrscheinlichkeit der All-Gott-Hypothese konzentrieren. Es geht um den Nachweis, dass die Existenz Gottes nicht, wie Swinburne glaubt nachweisen zu können, sehr wahrscheinlich, sondern im Gegenteil sehr unwahrscheinlich ist, weil es eine alternative Hypothese zur All-Gott-Hypothese gibt, die sehr viel wahrscheinlicher ist. Daher gibt es sehr gute Gründe dafür, zu glauben, dass der All-Gott nicht existiert. Das bedeutet allerdings, dass die alternative Hypothese nicht als wahr im vollen Sinn verstanden werden kann und dass daher die All-Gott-Hypothese nicht null-wahrscheinlich ist.

9.77 *Das Zuvor-schon-gering-Argument*

(1) Wie auch sonst üblich, müssen hier unbedingte und bedingte Wahrscheinlichkeit voneinander unterschieden werden. Die bedingte Wahrscheinlichkeit etwa, dass ein Mensch innerhalb von fünf Jahren stirbt, wenn er gerade eine Krebsdiagnose erhalten hat, ist höher als die unbedingte Wahrscheinlichkeit (die auch »Ausgangswahrscheinlichkeit« genannt wird), innerhalb von fünf Jahren ohne diese Bedingung zu sterben.

(2) Die Ausgangswahrscheinlichkeit (unbedingte Wahr-

scheinlichkeit) desselben Ereignisses kann unterschiedlich sein, da sie von der jeweiligen vorausgesetzten Grundmenge abhängig ist. Wenn wir etwa über die Grundmenge aller Menschen über 80 Jahre reden, dann ist die Ausgangswahrscheinlichkeit, innerhalb von fünf Jahren zu sterben, höher als wenn wir über die Grundmenge aller Menschen im Alter zwischen 20 und 30 Jahren reden.

(3) Die Ausgangswahrscheinlichkeit der All-Gott-Hypothese (»zuvor schon«, also bevor die totale Evidenz betrachtet wird) ist sehr gering, weil noch niemand den All-Gott gesehen, gesprochen oder anderen, zuverlässig verbürgten Kontakt zu ihm gehabt hat.

(4) Nach (3) wird inkonklusive Evidenz eine bedingte Wahrscheinlichkeit der All-Gott-Hypothese (nämlich gegeben diese Evidenz) nicht sehr viel steigern können.

(5) Dies gilt insbesondere dann, wenn eine alternative Hypothese zum All-Gott-Theismus existiert, deren evidenz-bedingte Wahrscheinlichkeit sehr viel höher ist als die evidenz-bedingte Wahrscheinlichkeit der All-Gott-Hypothese.

(6) Diese Alternative stellt der Ursprungsphysikalismus dar: Das Universum enthielt über eine sehr lange Zeit keine geistbegabten Wesen, sondern nur physische Gegenstände und später Pflanzen. Der Ursprungsphysikalismus hat eine hohe Ausgangswahrscheinlichkeit.

Dann gilt:

(7) Die evidenz-bedingte Wahrscheinlichkeit der All-Gott-Hypothese ist nicht höher als die des Ursprungsphysikalismus.

(8) Die Ausgangswahrscheinlichkeit des Ursprungsphysi-

kalismus ist um ein Vielfaches höher als die der All-Gott-Hypothese.

Aus (7) und (8) folgt:

(9) Der Ursprungsphysikalismus ist insgesamt um ein Vielfaches bedingt-wahrscheinlicher als die All-Gott-Hypothese.
(10) Die All-Gott-Hypothese ist sehr wahrscheinlich falsch.
(11) Der positive Atheismus ist sehr wahrscheinlich wahr.

Theisten wie Swinburne bestreiten Prämisse (7). Der positive Atheismus muss jedoch nicht leugnen, dass die All-Gott-Hypothese gewisse Fakten wie etwa das Faktum einer bestimmten Inhomogenität der Energieverteilung zu Beginn des Universums besser erklärt als der Atheismus. Doch macht der positive Atheismus geltend, dass diese Erklärung normalerweise sehr allgemein gehalten ist: Sie erklärt alles im Universum pauschal (»Gott hat es so eingerichtet«), während sie eine große Menge spezifischer Fakten unerklärt lässt. Diese kann jedoch der positive Atheismus erklären, wie etwa die gesamte naturgesetzliche und evolutionäre Entwicklung im Universum bis zum Auftreten der ersten geistbegabten Wesen. Theisten glauben insbesondere, dass es im Universum extrem komplexe Gebilde gibt und dass diese Komplexität von der All-Gott-Hypothese erklärt werden kann. Doch beruhen – wie der positive Atheismus betont – diese komplexen Gebilde auf einfacheren Mechanismen, von speziellen neuronalen Aktivitäten bis hin zu Prozessen in der Quantenwelt. Diese große Menge von Fakten kann besser durch den Ursprungsphysikalismus erklärt werden.

Wie steht es mit Prämisse (8)? Die All-Gott-Hypothese stellt eine Form des Ursprungsidealismus dar, der besagt, dass die physische Welt von der mentalen Welt hervorgebracht worden ist. Für diesen Prozess existiert bisher in unserer aktualen Welt kein eindeutiges Modell. Die mentale Verursachung wird extrem kontrovers diskutiert (liegt etwa dann eine mentale Verursachung vor, wenn wir Durst empfinden und aufgrund dieser mentalen Empfindung eine physische Bewegung in Richtung des Kühlschranks zu vollziehen scheinen, der – wie wir wissen – voller Bierflaschen ist?). Doch selbst dann, wenn eingeräumt werden sollte, dass Ursprungsphysikalismus und Ursprungsidealismus gleich starke Positionen sind, muss bedacht werden, dass die All-Gott-Hypothese inhaltlich weit über den Ursprungsidealismus hinausgeht. Der Ursprungsidealismus ist vereinbar damit, dass die mentale Welt aus Wesen besteht, die extrem intelligent sind, aber nur auf physikalische Weise agieren, ohne dass sie jedoch allmächtig, allwissend oder gar allgütig und ganz und gar perfekt sein müssten. Daher ist die Ausgangswahrscheinlichkeit der All-Gott-Hypothese deutlich niedriger angesetzt als die Ausgangswahrscheinlichkeit des Ursprungsidealismus und folglich (nach Voraussetzung) auch des Ursprungsphysikalismus. Und das bedeutet, dass Prämisse (8) gut begründet werden kann.

Ein weiteres, zweites Argument zugunsten des positiven Atheismus geht von einer konstruierten Position aus, die meist »ästhetischer Deismus« genannt wird und an den offenen Theismus anknüpft (siehe 9.18 und 9.56 (1)):

9.78 *Das Argument der entscheidenden Evidenz*

(1) Der ästhetische Deismus behauptet, dass ein ästhetisch-deistischer Gott, der dem theistischen All-Gott sehr ähnlich ist, die Welt geschaffen hat. Der einzige Unterschied zwischen den beiden Sichtweisen besteht

darin, dass der theistische All-Gott moralisch perfekt ist und sich um das Wohlergehen fühlender Kreaturen sorgt, während der ästhetisch-deistische Gott ein Universum erschaffen wollte, das eine interessante Geschichte darstellt, die unter anderem den Kampf zwischen Gut und Böse einschließt.

(2) Der ästhetische Deismus weist zumindest dieselbe Ausgangswahrscheinlichkeit wie der All-Gott-Theismus auf.

(3) Doch die evidenz-basierte bedingte Wahrscheinlichkeit des ästhetischen Deismus ist entschieden höher als die des All-Gott-Theismus, weil die Evidenz des verbreiteten Kampfes zwischen Gut und Böse und des damit verbundenen Unrechts den ästhetischen Deismus favorisiert.

(4) Daher ist der ästhetische Deismus viel wahrscheinlicher als der All-Gott-Theismus.

(5) Daher ist der All-Gott-Deismus sehr wahrscheinlich falsch.

(6) Daher ist der positive Atheismus, versteht man ihn als Negation des All-Gott-Theismus, sehr wahrscheinlich wahr.

Neuer Atheismus

Inzwischen wird viel über einen ›neuen Atheismus‹ diskutiert. Dabei handelt es sich hauptsächlich um neuere religionskritische Publikationen der vier Autoren Richard Dawkins (geb. 1941, Professor für theoretische Biologie und Evolutionsbiologie), Daniel Dennett (geb. 1942, Professor für Philosophie und Kognitionswissenschaft), Samuel Benjamin Harris (geb. 1967, freier Autor, der akademische Abschlüsse in Philosophie und Neurowissenschaft vorweisen kann) und Christopher Hitchens (1949–2011, Publizist, Literaturkritiker, studierte Philosophie und Politikwissenschaft). Zwar zeichnet sich in diesen Publikationen keine einheitliche Konzeption des Atheismus ab, doch gehen alle vier Autoren von drei grundlegenden Überzeugungen aus:

1. Sie sind der metaphysischen Überzeugung, dass es keinerlei übernatürliche Entitäten gibt.
2. Ihre epistemologische Überzeugung besagt, dass der religiöse Glaube irrational und sozial schädlich ist.
3. Ihre moralische Überzeugung lautet, dass es universelle und objektive säkulare moralische Werte gibt.

Die gemeinsame Position und Argumentation der neuen Atheisten kann folgendermaßen formuliert werden:

9.79 *Der neue Atheismus*

(1) Der Naturalismus ist eine akzeptable Position und schließt ein, dass es keine übernatürlichen Entitäten gibt.
(2) Es lassen sich gute Gründe dafür angeben, dass der religiöse Glaube an einen All-Gott falsch oder zumindest sehr unplausibel ist.
(3) Es gibt säkulare moralische Werte.
(4) Der religiöse Glaube an einen All-Gott richtet großen sozialen Schaden an.
(5) Neben den formalen Wissenschaften wie etwa der Mathematik bilden die modernen empirischen Wissenschaften die entscheidende Grundlage für die Debatte über Theismus und Atheismus.
(6) Auch theologische Annahmen müssen sich auf empirische Evidenz stützen.

(7) Den modernen empirischen Wissenschaften ist es nicht gelungen, die Existenz des All-Gottes nachzuweisen.
(8) Die modernen empirischen Wissenschaften liefern gute Gründe für die Auffassung, dass der All-Gott nicht existiert.
(9) Alle Formen des religiösen Glaubens sind Produkte der biologischen Evolution.
(10) Es ist durchaus möglich, ein befriedigendes gutes Leben zu führen, das sich lediglich auf eine säkulare Moral beruft.
(11) Daher ist der Atheismus zutreffend.

Der neue Atheismus vertritt damit also offensichtlich eine Variante der rationalen Theologie und erweitert die Kritik am Atheismus um eine moralische und soziale Dimension.

9.80 *Kritik am neuen Atheismus*

(1) Die metaphysische Überzeugung der neuen Atheisten beruht offensichtlich auf einer bestimmten Version des Naturalismus, die näher spezifiziert werden müsste. Ihre epistemologische Überzeugung muss so verstanden werden, dass religiöser Glaube mit guten Gründen widerlegt oder zumindest als unwahrscheinlich verstanden werden kann. In dem Argument (1)–(11) kommt die epistemologische Überzeugung unter den ersten Prämissen vor (siehe (2) und (4)), und das ist logisch nicht korrekt. Vielmehr müsste sie am Ende und nicht am Anfang atheistischer Überlegungen stehen. Zudem muss der religiöse Glaube lokal spezifiziert werden. Und schließlich sollte in Gestalt einer weiteren, geson-

derten These der von den Religionen angerichtete soziale Schaden in die Überlegungen einbezogen werden.

(2) Überdies zeigen die Thesen (1)–(10), dass die neuen Atheisten tatsächlich gar nicht so neu sind, wie sie selbst und einige Kommentatoren behaupten.

In diesem Zusammenhang ist aufschlussreich, wie die neuen Atheisten den religiösen Glauben (zumindest an den All-Gott) genauer kennzeichnen. Richard Dawkins, Sam Harris und Christopher Hitchens halten den religiösen Glauben für einen Akt blinden Vertrauens, der selbst ohne Evidenz ist und auch gar nicht nach Evidenz sucht. Kurz, sie halten den religiösen Glauben, insbesondere auch den Glauben an den All-Gott, in allen seinen Ausprägungen für fideistisch. Diese Diagnose ist, wie oben in Teil 1 nachgewiesen wurde, schlicht und einfach falsch, scheint aber der wesentliche Grund dafür zu sein, warum die neuen Atheisten sich nicht im Detail mit den Varianten und Argumenten des Theismus beschäftigen, die der rationalen Theologie zuzuordnen sind. Sie scheinen die Thesen (1)–(10) für evident zu halten und reflektieren, wie bereits angemerkt, nicht über implizite Voraussetzungen dieser Thesen wie etwa die diesen zugrunde gelegten Modelle des Naturalismus. Dawkins ist ein radikaler Naturalist und erkennt nur die Naturwissenschaften (Physik, Chemie, Biologie) als echte Wissenschaften an. Er verteidigt den Atheismus hauptsächlich aus dem Grunde, weil er aus dem radikalen Naturalismus folgt. Der radikale Naturalismus ist jedoch offensichtlich falsch, da er impliziert, dass etwa Soziologie, Psychologie oder Musikwissenschaft keine Wissenschaften ausmachen. Der radikale Naturalismus zwingt Dawkins unter anderem dazu, die

Entstehung der Religionen als Resultat der biologischen Evolution anzusehen, während es weitaus plausibler wäre, in diesem Zusammenhang auf die kulturelle Evolution der Jäger- und Sammler-Gemeinschaften zu verweisen.
(3) Dennett plädiert ebenfalls dafür, die Beschäftigung mit der Religion zu naturalisieren, doch ist sein Verständnis des Begriffes »Naturalismus« im Vergleich zu Dawkins' Verständnis weitaus moderater und wird von ihm im Sinne empirischer, datengestützter Wissenschaften verstanden, die ihre Hypothesen anhand der verfügbaren Daten begründen. Zu dieser Gruppe von Wissenschaften können Ethnologie oder Religionsgeschichte, aber auch kognitive Psychologie und Philosophie des Geistes gehören. Der moderate Naturalismus ist im Zusammenhang mit rationaler Theologie offensichtlich adäquater als der radikale Naturalismus.

Nur Dawkins und Dennett haben über die Thesen (1)–(10) hinaus ein direktes Argument für den Atheismus skizziert.

9.81 *Dawkins: Begründung des Atheismus*

(1) Ein Gott, der fähig ist, das Universum zu erschaffen und zu strukturieren, muss ein extrem komplexes Wesen sein, dessen Existenz gerade aufgrund dieser Komplexität höchst unwahrscheinlich ist.
(2) Die Existenz eines solchen Gottes verlangt ihrerseits nach einer Erklärung, die tiefer reichen muss als die Erklärungskraft der bloßen Hypothese, dass solch ein Gott existiert (die Existenz Gottes sollte aus sicheren Prämissen hergeleitet werden können, es genügt nicht

zu zeigen, dass die Hypothese, dass Gott existiert, weitere Fakten gut erklären kann).
(3) Die Theologie lehnt jedoch die Forderung nach einer Erklärung Gottes ab und widerlegt sich damit selbst, denn sie fordert eine Erklärung für alle komplexen Elemente des Universums, lehnt aber gerade die Erklärung des komplexesten Wesens, also Gottes, ab.

9.82 *Dennett: Begründung des Atheismus*

(1) Wann immer eine Person an X glaubt, muss dieser Glaube eine Meinung mit dem spezifischen semantischen Gehalt X einschließen.
(2) Der Begriff Gottes ist jedoch zu unbestimmt, als dass wir an Gott glauben und meinen können, dass Gott existiert.
(3) Entsprechend (2) ist die Forderung (1) im Falle des semantischen Gehalts der Meinung, dass Gott existiert, nicht erfüllt. Der ›Glaube‹ an Gott kann keine Meinung im gewöhnlichen semantischen Sinn sein.

9.83 *Kritik an Dawkins' und Dennetts Begründung des Atheismus*

Die beiden Argumente 9.81 und 9.82 sind methodologisch gesehen sehr unterschiedlich. Dawkins verlangt eine Vertiefung der theologischen Erklärungskraft. Er setzt sich jedoch nicht mit dem Problem auseinander, dass diese Forderung einen unendlichen Regress impliziert oder willkürlich abgebrochen werden muss und dass es selbst in der Physik Fakten gibt, in Bezug auf die es nicht absehbar ist, dass irgendwann eine befriedigende Erklärung geliefert werden könnte. Dennett dagegen skizziert ein semantisches Argument gegen den Theismus, das nicht überzeugt, weil im modernen lokalen Theismus durchaus eine Reihe wohlbestimmter Gottesbegriffe begegnen. Wie unten in Abschnitt 2.2 genauer ausgeführt werden wird, müsste nachgewiesen werden, dass der semantische Gehalt der Gotteshypothese in sich widersprüchlich ist. Im Übrigen sind beide Argumente eher dem negativen Atheismus zuzurechnen. Das Argument von Dennett könnte darüber hinaus sogar zum religiösen Agnostizismus gezählt werden. Beide Argumente weisen das Defizit auf, dass sie die Unterscheidung zwischen negativem Atheismus, positivem Atheismus und religiösem Agnostizismus nicht berücksichtigen.

Einwände gegen den Atheismus

Der Atheismus wird unter anderem durch Einwände gegen die Begründungen theistischer Positionen begründet. Einige dieser Einwände wurden bereits angesprochen (siehe 9.74, 9.76, 9.80, 9.83). Darüber hinaus macht der Theismus geltend:

9.84 *Theistische Einwände gegenüber dem Atheismus*

(1) Der Atheismus ist dogmatisch. Im Allgemeinen sind Thesen über die Nicht-Existenz eines Phänomens schwer zu begründen. Diese Thesen haben meist die logische Form kombinierter All- und Existenzsätze: Unter allen Phänomenen, die in oder außerhalb unseres Universums vorkommen, gibt es kein Phänomen der Art X. Allsätze können nicht endgültig verifiziert werden, da nicht ausgeschlossen werden kann, dass irgendwann einmal ein Phänomen entdeckt wird, das den All-

satz falsifiziert (lange Zeit war man überzeugt, dass es keine schwarzen Schwäne gibt). Und Existenzsätze können nicht endgültig falsifiziert werden, da nicht ausgeschlossen werden kann, dass ein Phänomen entdeckt wird, das den Existenzsatz verifiziert. Kombinierte All- und Existenzsätze sind daher weder verifizierbar noch falsifizierbar und somit ›metaphysisch‹, also spekulativ. Der Atheismus stellt somit eine dogmatische Position, einen bloßen Glaubenssatz dar. Er hat daher denselben Status, den die Atheisten der theistischen Position zuschreiben und zugleich vorwerfen.

(2) Der Atheismus setzt den Materialismus oder zumindest den Naturalismus voraus, also die These,
   (a) dass alle Dinge des Universums letztlich aus Materie-Teilchen oder auch aus Formen von Energie bestehen, die in Materie-Teilchen transformiert werden können, oder
   (b) dass alle Dinge, Zustände und Prozesse natürlich sind, also in Begriffen der Physik, Chemie und Biologie beschrieben und erklärt werden können, so dass
   (c) es keine übernatürlichen Wesen oder Kräfte geben kann, zu denen auch Gott gehört.
   (d) Materialismus und Naturalismus stellen jedoch Formen einer metaphysischen Theorie dar, die durchaus anfechtbar sind und sogar durch eine Reihe von psychischen und sozialen Phänomenen widerlegt werden, die weder physikalisch noch chemisch noch biologisch beschreibbar oder erklärbar sind (siehe auch 9.65).

(3) Der Atheismus weist eine empfindliche Erklärungslücke auf. Die überaus komplexen Strukturen, die das

Universum entwickelt hat, müssen unter extrem unwahrscheinlichen Randbedingungen entstanden sein, die ihrerseits erklärt werden müssen. Die moderne Physik verweist hier auf den Zufall und betrachtet die Schöpfung daher als ein einziges großes Zufallsereignis. Der Verweis auf den Zufall stellt jedoch nichts anderes als eine explanatorische Kapitulation dar, gesteht also ein, dass keine Erklärung gegeben werden kann. Der Theismus hat dagegen durch seinen Hinweis auf das Wirken eines maximal intelligenten göttlichen Geistes eine Erklärung anzubieten (vgl. hierzu auch das Feinabstimmungsargument (9.54)).

(4) Der Atheismus ist aus ethischer Perspektive gesehen mehr als problematisch. Zum einen weist er eine interessengeleitete politische Stoßrichtung aus. Aus dieser Perspektive gesehen ist der Atheismus eine anti-klerikale Kampfansage, die den institutionellen Status der Kirchen, ihre finanzielle Unterstützung durch den Staat und ihre politische Macht zugunsten einer vollständigen politischen Säkularisierung aufheben will. Zum anderen untergräbt der Atheismus die einzige zuverlässige Quelle und Verankerung der Moral – nämlich in Gott. »Wenn Gott nicht existierte, dann wäre alles erlaubt.« Diese These aus Dostojewskis *Die Brüder Karamasow* bringt den ethischen Einwand gegenüber dem Atheismus auf den Punkt.

(5) Im Rahmen des Theismus können alternative Konzeptionen von Gott erwogen werden, die durch die atheistische Kritik nicht getroffen werden, etwa Vorstellungen von einem nicht-personalen oder sogar nicht-geistigen Gott oder auch die Konzeption eines nicht-allmächtigen Gottes. Anders ausgedrückt: Der Atheismus konzen-

triert sich vorschnell auf klassische subjektivistische Varianten des Theismus.

Nicht nur der Theismus, sondern auch der Agnostizismus erhebt Einwände gegen den Atheismus.

9.85 *Agnostizistische Einwände gegen den Atheismus*

(1) Aus dem weichen religiösen Agnostizismus (9.88 (1)) folgt, dass der Atheismus unhaltbar ist.
(2) Aus dem harten religiösen Agnostizismus (9.88 (2)) folgt, dass der Atheismus unhaltbar ist.
(3) Der semantische religiöse Agnostizismus (9.108 (1)) impliziert logisch, dass der lokale Atheismus, der auf dem elementaren Gottesbegriff (9.92) beruht, falsch ist.

Schöpfung und Physik

Im Rahmen der Diskussion zwischen Theisten und Atheisten weisen die Theisten, wie angemerkt, oft darauf hin, dass der Atheismus Erklärungslücken im Zusammenhang mit vielen bekannten Phänomenen aufweist, insbesondere den Urknall, also für den Anfang und die Entstehung unseres Universums. Dieser Vorwurf stellt tatsächlich eines der größten Probleme für den Atheismus dar.

Es scheint festzustehen, dass unser Universum vor knapp 14 Milliarden Jahren entstand. Das Universum weist eine Unmenge höchst komplexer Strukturen auf. Lebewesen haben sich aus anorganischen Systemen heraus entwickelt. Als das Universum entstand, mussten die grundlegenden Naturkonstanten und insbesondere die Energieverteilung eine extrem unwahrscheinliche Feinabstimmung (9.54) aufweisen, damit sich ein Universum entwickeln konnte, das unter anderem Wesen enthält, die einen moralischen Standpunkt einnehmen und rationale Theologie betreiben können. Will man hier den Zufall ins Spiel bringen, so würde das nichts anderes bedeuten, als einzuräumen, dass keinerlei Erklärung zur Verfügung steht.

Meist weisen die Theisten außerdem darauf hin, dass eine Erklärung der Entstehung des Universums im Rahmen der Physik gerade auch nach Auffassung der meisten Physiker und Physikerinnen nicht nur bis heute nicht zur Verfügung steht, sondern sogar prinzipiell unmöglich ist und immer unmöglich bleiben wird. Denn eine solche Erklärung müsste auf eine Ursache verweisen, die vor der Entstehung des Universums existiert hätte. Die Zeit entsteht entsprechend der Standard-Urknall-Theorie jedoch erst im Zuge des Urknalls. Die Frage danach, was vor dem Urknall war, ist daher sinnlos und prinzipiell unbeantwortbar.

All diese Probleme, so machen Theisten geltend, lassen sich durch die Hypothese eines intelligenten und planenden Gottes erklären, während die Atheisten wie auch die Naturwissenschaftler auf Zufälle hinweisen müssen.

Dieser Vorwurf lässt sich ein Stück weit abmildern. Die Gotteshypothese sieht auf den ersten Blick wie eine *ad-hoc*-Annahme aus. Die Entstehung des Lebens ist weitgehend naturwissenschaftlich erklärbar. Und selbst wenn man zugibt, dass die Gotteshypothese erwägenswert ist, dann lässt sich aus der Hypothese noch keineswegs folgern, dass der Schöpfergott Notiz vom Menschen nehmen müsste. Allerdings würde auch eine abgeschwächte Gotteshypothese noch ein Argument für den Theismus sein, wenn man diese Hypothese mit der explanatorischen Kapitulation der modernen Astrophysik in Bezug auf den Urknall vergleicht.

Daher ist es auch für eine rationale Theologie interessant,

dass inzwischen einige physikalische Ansätze zur Entstehung des Urknalls formuliert wurden. Diese Ideen sind eine ›Geschichte‹, weil sie noch keine strenge physikalische Erklärung des Urknalls anbieten können, sondern auch sogenannte heuristische Hinweise enthalten, die zum Teil nur ein ungefähres Bild zeichnen und in einem klassischen Vokabular formuliert sind, das der entsprechenden rätselhaften Quantenwelt nicht immer angemessen ist.

Die zentrale Idee dieser Geschichte läuft darauf hinaus, dass der Urknall aus den Quantenfluktuationen hervorging. Die Quantenfluktuationen sind ein physikalisches Feld, das aus immaterieller Energie besteht und das gesamte Universum einschließlich des Vakuums durchzieht. Die Werte dieser Energie schwanken gewöhnlich in sehr geringem Maße um den Nullpunkt herum und gehen aus der Unbestimmtheit hervor, die viele Werte von Parametern in der rätselhaften Quantenwelt aufweisen. Unter bestimmten Bedingungen können die Quantenfluktuationen jedoch plötzlich sehr hohe Energiewerte annehmen, die für eine Entstehung unseres Universums ausreichen würden. Sollte sich diese Geschichte ausarbeiten und empirisch bestätigen lassen, so wäre eines der neueren theistischen Argumente gegen den Atheismus weitgehend entkräftet.

Der folgende Abschnitt 9.86 versucht, diese recht vage Idee in Begriffen der gegenwärtigen Physik genauer zu erklären. Da dieser Abschnitt in physikalischem Fachvokabular gehalten werden muss und es verständlicherweise Probleme mit der Argumentation in 9.86 geben könnte, darf dieser Abschnitt gerne als eine Art Exkurs verstanden werden, der übersprungen werden kann, ohne dass dabei die Verständlichkeit der weiteren Überlegungen ab 9.87 beeinträchtigt würde.

9.86 *Eine physikalische Schöpfungsgeschichte*

Wir beginnen die neue Schöpfungsgeschichte mit einigen Bemerkungen zur Quantenwelt.

9.86.1 *Wirkungsquantum (Planck) und Unschärferelation (Heisenberg)*

Generell ist die Quantenmechanik (siehe unten, 9.110) diejenige Theorie, die sich mit der Quantenwelt beschäftigt. Der Quantenmechanik zufolge ist die Natur in vielen Bereichen nicht stetig, sondern quantisiert: Diese Bereiche bestehen aus voneinander getrennten bzw. diskreten Paketen, die auch »Energiequanten« genannt werden. Dies gilt etwa für elektromagnetische Felder. Insbesondere ist auch jene Energie, mit deren Hilfe Zustände verändert werden können, quantisiert. Dabei muss ein Mindestquantum an Energie für die Veränderung eines Zustandes, also für eine physikalische Wirkung, existieren. Die Größe dieses Mindestquantums wurde von Max Planck ausgerechnet. Es handelt sich dabei um das Planck'sche Wirkungsquantum h, also um ein Produkt aus Energie und Zeit, das sehr klein ist. Es beträgt $h = 6.6 \times 10^{-34}$ Joule-Sekunden.

Doch selbst dieser kleine Wert kann offensichtlich mit dem Vorkommen einer sehr hohen Energie vereinbar sein, wenn nur die entsprechende Zeit entsprechend extrem kurz bemessen ist. Da Energie nach der Einstein-Formel $E = m \times c^2$ (E Energie, m Masse, c Lichtgeschwindigkeit) in Masse überführbar ist, kann auch Energie im Rahmen von h zumindest für einen extrem kurzen Zeitraum in materielle Teilchen und ihre Antiteilchen transformiert werden, die aber nach diesem Zeitraum wieder verstrahlen und auf diese Weise untergehen (hier zeigt sich also eine Form der physikalischen Symmetrie).

In der Quantenwelt gilt auch die Heisenberg'sche Unschärferelation. Man sollte allerdings besser von einer Unbestimmtheitsrelation reden, denn sie bezieht sich darauf, dass bestimmte Paare von Parametern in der Quantenwelt nicht zugleich exakt bestimmt werden können, wie etwa die Paare Ort – Geschwindigkeit, Ort – Impuls, Stärke eines Feldes – Änderungsrate eines Feldes sowie Energie–Zeit. Bestimmen wir die eine Größe dieser Wertepaare exakt, so bleibt die andere Größe unbestimmt. Es besteht also jeweils nur eine gewisse Wahrscheinlichkeit dafür, dass Dinge mit bestimmten Werten für diese Paare auftreten. Man benutzt nach einem Vorschlag von Werner Heisenberg die sogenannte reduzierte Planck-Konstante $\hbar = h/4\pi$ als konventionellen Wert der minimalen Unschärfe. Die Heisenberg'sche Unbestimmtheitsrelation kann dann durch die Formel $\Delta x \times \Delta p \geq h/4\pi$ beschrieben werden, die eine Streuung Δ von Messwerten um einen Mittelwert darstellt. Das Produkt der Streuung der Messwerte bezüglich eines Paares von Parametern des Ortes und des Impulses kann den Wert $h/4\pi$ nicht unterschreiten. Jede einzelne Messung führt zwar jeweils auf einen exakten Wert, doch ist bei wiederholter Messung (bei gleichem Ausgangszustand) eine Streuung der Messwerte zu beobachten. Dies liegt nicht an einem schlechten Messapparat, sondern in der Natur der Quantenzustände.

9.86.2 *Quantenfluktuation oder das physikalische Vakuum*

Seit geraumer Zeit wird in der Physik behauptet, dass ein Vakuum eine Art von Energie enthält, die »Quantenfluktuation« genannt wird. Diese stellt eine bestimmte Form von physikalischer Energie dar, für die bereits einige grundlegende Naturgesetze gelten, und zwar im Wesentlichen einige grundlegende Symmetrien und Erhaltungssätze (etwa der Energie-Erhaltungssatz, der besagt, dass in einem abgeschlossenen System die Summe aller Energien des Systems konstant und deshalb seine Gesamtenergie stets erhalten bleibt).

In der Quantenmechanik ist der Hamilton-Operator eines Systems grob formuliert ein Operator, der die totale Energie des Systems in ihrer zeitlichen Entwicklung beschreibt. Strikt formuliert ist das physikalische Vakuum der kleinste Energiewert (»Null«) des Vakuums, wenn man seinen Hamilton-Operator ausrechnet. Aufgrund der Heisenberg'schen Unschärferelation lassen sich jedoch, wie oben erwähnt, Energie und Zeit nicht zugleich scharf bestimmen. In der zeitlichen Entwicklung der Energie im Vakuum schwankt daher der Energiewert des Vakuums in den Grenzen der Unschärferelation um den Null-Wert herum und kann für sehr kurze, scharf bestimmte Zeiträume unbestimmt sein. Dieses Schwanken ist ein Zufallsprozess und wird »Quantenfluktuation« genannt.

Die Quantenfluktuation besteht also in einer Schwankung der Energie-Dichte, d. h. der Energie-Wirkung pro Flächeneinheit, oder kurz: des physikalischen Drucks um den Nullwert herum. Diese Energie-Dichte kann folglich positiv wie auch negativ werden. Man muss dabei festhalten, dass die Quantenfluktuation keine Energie-Quelle ist, aus der man Energie entnehmen könnte.

Wenn wir die Quantenfluktuation aufgrund der Dualität von physikalischen Feldern und Mengen von Partikeln als Prozess der spontanen Erzeugung und Vernichtung von Partikeln beschreiben, dann drängt sich die Frage auf, was wir genau unter Partikeln verstehen. Denken wir etwa an materielle Partikel oder Photonen, so verwenden wir ein klassisches Vokabular der Physik und verbinden damit Vorstellungen, die nicht von einer Unschärferelation ausgehen.

Häufig wird daher im Rahmen der Quantenmechanik von »virtuellen Partikeln« gesprochen.

Drei weitere Aspekte müssen im Zusammenhang mit der Quantenfluktuation noch erwähnt werden.

(i) Wenn wir einen geschlossenen Raum mit Gas füllen und den Raum sodann vergrößern, so kühlt sich das Gas ab und sein Druck auf die Wände sinkt. Wenn wir dagegen ein abgeschlossenes Vakuum in einem Behälter haben, dann ist dieses Vakuum voller Quantenfluktuationen. Vergrößern wir sodann diesen Raum, so vergrößern wir auch die Quantenfluktuationen sowie die mit ihr korrelierte Energie. Solange diese Energie eng um den Nullpunkt schwankt, ist der Effekt gering. Verzeichnet diese Energie – in einem sehr unwahrscheinlichen Fall – dagegen einen stabileren höheren positiven Wert, so vergrößert sich auch die entsprechende positive Energie erheblich und im Extremfall sogar dramatisch.

(ii) Wie oben erwähnt kann das Vakuum aufgrund der Quantenfluktuation positive oder negative Energiedichte, also positiven oder negativen Druck, annehmen. Positiver Druck hat gravitative Wirkung, und entsprechend hat negativer Druck anti-gravitative Wirkung.

(iii) Es wurde bereits angemerkt, dass das Vakuum Quantenfluktuationen enthält. Man müsste allerdings eigentlich genauer sagen, dass das Vakuum eine Superposition (also eine Überlagerung) von stattfindender und nicht-stattfindender Quantenfluktuation enthält.

9.86.3 *Empirische Nachweise der Quantenfluktuation?*

Quantenfluktuationen können nach Auffassung einiger Physiker empirisch und experimentell nachgewiesen werden: Im Casimir-Experiment werden etwa in einem absoluten Vakuum zwei leitende Metall-Platten sehr dicht aneinandergerückt. Daraufhin geraten diese Platten unter einen messbaren Druck, der sie aufeinander zutreibt. Der Grund dafür scheint zu sein, dass die Quantenfluktuationen zwischen den Metall-Platten Bedingungen unterliegen, die außerhalb der Platten nicht gelten. Wenn man die Quantenfluktuationen als Wellen interpretiert, dann lassen sich diese Bedingungen so beschreiben, dass Wellen an leitenden Oberflächen immer mit Null beginnen und mit Null enden, so dass dann, wenn D der Abstand zwischen den Platten ist, zwischen den Platten nur Wellen vorkommen, die ganzzahlig in D enthalten sind. Zwischen den Platten gibt es also viel weniger Quantenfluktuationen als außerhalb der Platten. Daher ist die Wahrscheinlichkeit, dass kurzzeitig erzeugter positiver Druck auf die Platten ausgeübt wird, außerhalb der Platten erheblich größer als zwischen den Platten.

Dieses Experiment wird jedoch auch anders beschrieben: So wird darauf hingewiesen, dass die Platten – und erst recht die Instrumente zur Messung des Drucks – nicht Teile des Vakuums sind, so dass das Experiment sich auf kein reines Vakuum bezieht. Abgesehen davon kann die Casimir-Kraft möglicherweise auch als Summe von Anziehungskräften zwischen Atomen über einen Spalt hinweg (Van-der-Waals-Kräfte) gedeutet werden. Die Wirkung dieser Kräfte ist nicht daran gebunden, dass ein Vakuum besteht.

9.86.4 *Die physikalische Schöpfungshypothese*

Die entscheidende Hypothese lautet nun:

> (HU) Das Phänomen, das der Entstehung unseres Universums zugrunde liegt, ist das Vakuum mitsamt seiner Quantenfluktuation.

Mit Hypothese (HU) wird nicht behauptet, dass der Urknall aus der Quantenfluktuation entsteht, als ob in der Quantenfluktuation der Ursprung oder die Quelle des Urknalls läge. So wie die Quantenfluktuation bisher beschrieben wurde, entsteht aus ihr vielmehr nichts Weiteres. Es müssen weitere Bedingungen hinzutreten, damit so etwas wie ein Urknall auftreten kann.

Ferner wird mit (HU) offenkundig auch noch nichts darüber ausgesagt, welche diese weiteren Bedingungen genau sind und wie unser Universum im Detail aus der Quantenfluktuation und den weiteren Bedingungen hervorgehen konnte.

Bevor wir uns diesen Punkten widmen, müssen wir uns kurz mit der gängigen und oben bereits erwähnten These beschäftigen, dass das Auftreten des Urknalls extrem unwahrscheinlich und somit bloßer Zufall war, der daher auch nicht weiter erklärt werden kann. Insbesondere müssen wir bedenken, dass auch das extrem Unwahrscheinliche bei hinreichend vielen Versuchen und ausreichender Zeit wahrscheinlicher wird und dass die Quantenfluktuation auftritt, solange es ein Vakuum gibt, also (i) entweder »immer« oder zumindest (ii) für extrem lange Zeit. Daher ist der Urknall (in Fall (i)) entweder notwendig oder (in Fall (ii)) zumindest extrem wahrscheinlich gewesen. Kurz: Es handelt sich keineswegs um blanken Zufall.

Machen wir uns diesen Punkt an einem Beispiel klar. Nehmen wir einen grammatisch wohlgeordneten deutschen Text mit 1000 Buchstaben und setzen einen Schimpansen an einen Computer mit einer Tastatur, die 30 Buchstaben aufweist, unter diesen auch die Buchstaben des deutschen Alphabets. Im Anschluss lassen wir den Affen nach Belieben auf die Tastatur drücken, immer und immer wieder. Er wird dann mit einer Wahrscheinlichkeit von

1:30 den ersten Buchstaben unseres Textes tippen – und mit einer Wahrscheinlichkeit von $(1:30)^{1000}$ den gesamten Text Es wäre extrem unwahrscheinlich, dass der Affe den Text tippen würde, doch wenn wir lange genug warten, wird unser Schimpanse den Text tatsächlich irgendwann höchstwahrscheinlich schreiben – und er wird dies sogar mit Sicherheit tun, wenn wir eine Ewigkeit zur Verfügung hätten.

9.86.5 *Quantenfluktuation und Symmetrien*

Betrachten wir nun die zusätzlichen Bedingungen, unter denen sich unser Universum aus den Quantenfluktuationen entwickelt haben könnte. Quantenfluktuationen sind von physikalischen Symmetrien geprägt. Eine physikalische Symmetrie ist ein Zustand, der eine Homogenität und Invarianz aufweist, die durch bestimmte Vorgänge nicht verändert werden. Jeder Symmetrie entspricht eine Erhaltungsgröße. Ein System ist dann

- translationssymmetrisch, wenn es bei geraden Bewegungen im Raum invariant ist (Impuls-Erhaltung),
- rotationssymmetrisch, wenn es bei Drehungen invariant ist (Drehimpuls-Erhaltung),
- zeittranslationssymmetrisch, wenn es bei Bewegungen in der Zeit invariant ist (Energie-Erhaltung).

Auch die Quantenfluktuation, deren Energie meist um Null schwankt, weist, wie angemerkt wurde, eine Symmetrie mit Energie-Invarianz auf. Man kann diesen Prozess auch so beschreiben, dass negativer und positiver Druck einander immer wieder ausgleichen. Denn Druck ist Kraft (= Zähler) pro Fläche (= Nenner). Multiplizieren wir diese Formel im Zähler und Nenner mit Meter (Weg), so erhalten wir Energie pro Volumen (Energie-Dichte): Fläche multipliziert mit Weg ergibt Volumen, und Kraft multipliziert mit Weg ergibt physikalische Arbeit oder Energie (die an einem Körper oder von einem Körper verrichtete Arbeit ist gleich der dem Körper oder der Umgebung zugeführten Energie; Arbeit und Energie haben daher dieselbe physikalische Einheit, nämlich 1 Joule oder 1 Newtonmeter).

Die Quantenfluktuation weist auch eine Symmetrie auf. Diese Symmetrie hält die Größen Druck und Energiedichte invariant. Insgesamt ist die Quantenfluktuation hochsymmetrisch. Man könnte auch sagen: Es passiert praktisch überhaupt nichts. Aus diesem Zustand allein kann kein Universum entstehen. Es muss also angegeben werden, welche Randbedingungen über die Quantenfluktuationen hinaus gegeben sein müssen, damit es zu einem Urknall kommen kann. Wenn diese Randbedingungen nicht nullwahrscheinlich sind, dann folgt daraus aufgrund der Ewigkeit oder langen Zeit der Quantenfluktuationen, dass diese Randbedingungen tatsächlich irgendwann oder zumindest höchstwahrscheinlich auch auftreten.

9.86.6 *Quantenfluktuation und Symmetriebrüche*

Wenn sich an einem hochsymmetrischen System etwas ändern soll, dann muss es Symmetriebrüche geben. Physikalische Symmetriebrüche können wir in der uns umgebenden Natur häufig beobachten. Ein Beispiel ist der Übergang von Wasserdampf zu Wasser und schließlich zu Eis, der mit einer Absenkung der Temperatur korreliert ist. Dabei verringert sich die Bewegungsenergie der H_2O-Moleküle immer weiter, bis sie zusätzliche Strukturen bilden können. Im Zustand von heißem Wasserdampf können sich die H_2O-Moleküle um jede beliebige Symmetrieachse drehen. Der Übergang zu flüssigem Wasser und mehr noch zu Eis bricht diese Symmetrie auf.

An diesem Beispiel lässt sich gut erkennen, dass ein Symmetriebruch auch als Phasenübergang beschrieben werden kann, der Energie freisetzt, und zwar im Fall des Wassers in Gestalt von Kristallisations- und Verdampfungswärme. Die freigesetzte Energie entspricht der Verringerung der Bewegungsfreiheit und damit der Bewegungsenergie der H_2O-Moleküle in flüssigem Wasser. Der Phasenübergang zu einem eisförmigen Zustand macht deshalb einen weiteren Symmetriebruch aus, weil er die H_2O-Moleküle in eine Gitterstruktur zwängt.

Auch ein physikalisches Feld kann Phasenübergänge vollziehen. Um das zu beschreiben, muss jedem Punkt des Feldes ein Wert (den man »Skalar« nennt) zugeschrieben werden, der prinzipiell veränderlich ist und meist um einen bestimmten Betrag herumschwankt. Dieses Feld ist damit ein Skalarfeld. Eine Veränderung des Skalarfeldes wäre dann eine Veränderung in jedem seiner Punkte. Diese Veränderung wird »Potentialverlauf des Skalarfeldes« genannt. Ein möglicher Potentialverlauf ist die harmonische sinusförmige Schwingung (Oszillation) um einen Grundzustand herum, die wir auch an der Pendelschwingung beobachten können, nur ist das Pendel kein Skalarfeld. Quantenmechanische Schwankungen können mathematisch passend als harmonische Schwingungen interpretiert werden. Denn bei einem Ausschlag gibt es eine rücktreibende Kraft, die anzeigt, dass das Skalarfeld einer Veränderung einen Widerstand entgegensetzt. Allerdings ist im quantenmechanischen Fall im Gegensatz zum klassischen Fall die exakte Position des Teilchens wegen der Unbestimmtheitsrelation nicht bekannt.

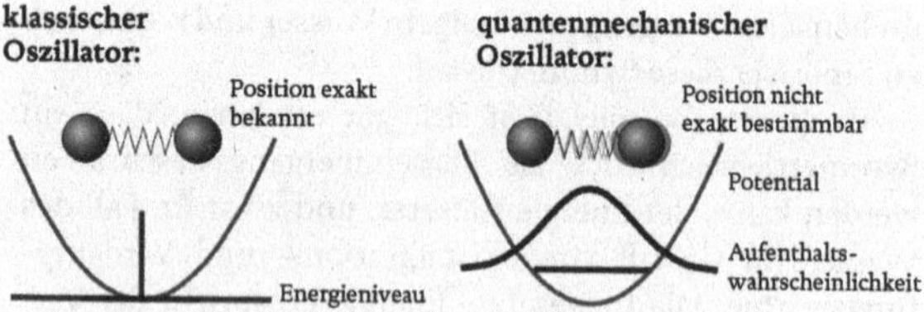

Klassischer und quantenmechanischer Oszillator

Bereits anhand des klassischen harmonischen Oszillators lässt sich ein interessanter Punkt erkennen:

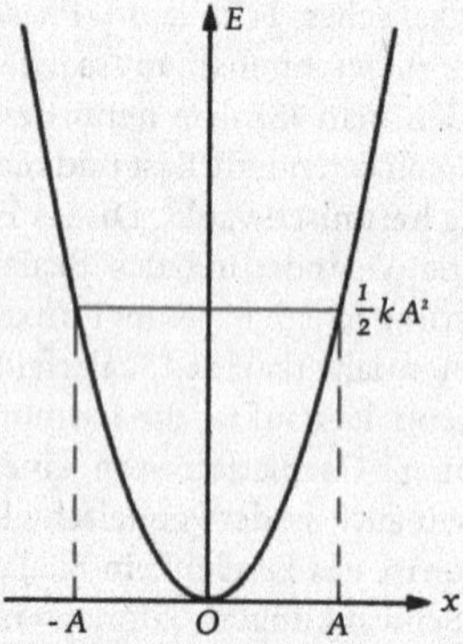

Kurve

Wenn der Oszillator den Potentialverlauf eines Feldes abbildet, dann wird die Kurve umso steiler sein, je höher die Temperatur des Feldes ist. Bei zunehmender Abkühlung wird die Kurve dagegen immer breiter ausgewalzt. Dabei verbleibt der niedrigste Wert (die Null) im Mittelpunkt der Kurve – bis hin zu einer kritischen Temperatur. Unterhalb der kritischen Temperatur kann die Kurve jedoch links und rechts vom Nullpunkt tiefer als die Null sinken. In einer dreidimensionalen Darstellung bildet sich ein Hügel, an dessen Spitze der alte ursprüngliche Nullwert (die ursprüngliche niedrigste Energie, das ursprüngliche Vakuum) sitzt und an dessen Rinnen sich neue Punkte niedrigster Energie bilden, so dass der ursprüngliche Nullwert falsch wird und deshalb auch »falsches Vakuum« genannt wird. Auch dieser Vorgang stellt einen Symmetriebruch dar.

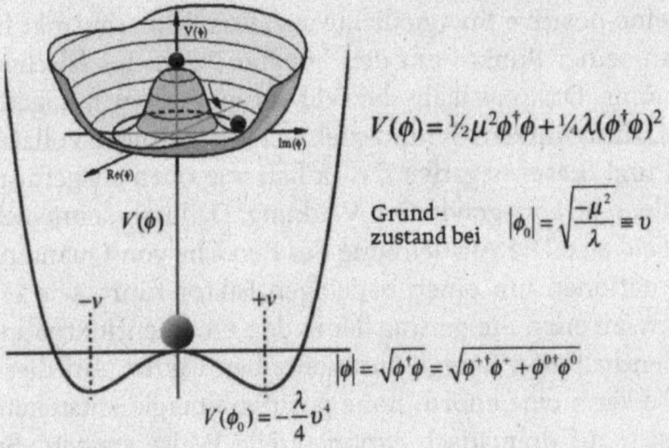

Doppelkurve

9.86.7 *Die Schöpfung*

Wie im vorangehenden Abschnitt skizziert, kann sich unter bestimmten Bedingungen ein falsches Vakuum bilden. Mit dieser Bildung eines falschen Vakuums ist die Disposition des physikalischen Feldes verbunden, einen Symmetriebruch zu vollziehen, der das falsche Vakuum wieder in ein richtiges Vakuum überführt, das den niedrigsten Wert des Potentialverlaufs wieder als Nullpunkt aufweist, um den herum die Quantenfluktuation schwankt. Jedes physikalische Feld weist jedoch einen gewissen Widerstand gegen eine Veränderung in Gestalt eines Symmetriebruchs auf und braucht eine kleine Zeitspanne, bis der Symmetriebruch vollzogen ist, und zwar insbesondere deshalb, weil es oft mehrere Möglichkeiten für die Übernahme neuer Nullwerte gibt. Außerdem setzt, wie bereits erwähnt, jeder Symmetriebruch Energie frei.

Bevor der Symmetriebruch endgültig vollzogen ist, weist das falsche Vakuum gegenüber dem ursprünglichen Vakuum eine positive Energiedichte auf: Das Feld schwankt in jedem seiner Punkte um den höheren Wert des falschen Vakuums. Das physikalische Feld entwickelt einen negativen Druck, um den Symmetriebruch endgültig zu vollziehen, und dieser negative Druck hat, wie oben ausgeführt wurde, eine anti-gravitative Wirkung. Dadurch dehnt sich das Feld aus. Die Ausdehnung des Bereichs von Quantenfluktuationen um einen beliebigen Faktor führt, wie erwähnt, zu einer Steigerung der in den Quantenfluktuationen enthaltenen Energie um denselben Faktor. Auf diese Weise kann eine enorm hohe positive Energie entstehen, die sich auf dramatisch exponentielle Weise steigert. So konnte sich das entstehende Universum innerhalb von 10^{32} Sekunden um den Faktor 10^{50} aufblähen. Das ist der Urknall – der Beginn der Schöpfung. Kurz: Das Universum entstand im Wesentlichen aus der Bildung eines falschen Vakuums und dem damit verbundenen Symmetriebruch im Rahmen der Quantenfluktuation.

Es musste natürlich noch wesentlich mehr geschehen,

damit das Universum diejenige Entwicklung und Struktur annehmen konnte, die wir heute beobachten können. Das Universum kühlte sich ab und vollzog dabei zahlreiche weitere Symmetriebrüche. Insbesondere aber musste die Teilchen-Antiteilchen-Produktion einen winzigen ›Fehler‹ enthalten, der darin bestand, dass im Durchschnitt pro eine Milliarde Teilchen eines der Teilchen kein Antiteilchen besaß: Aus diesem kleinen Überschuss entstand die bis heute sichtbare Materie.

9.87 *Kritik der physikalischen Schöpfungsgeschichte*

Die vorstehende Skizze einer Entstehung des Urknalls aus der Quantenfluktuation ist in der modernen Physik nicht unumstritten. Vor allem wurden die folgenden Bedenken geltend gemacht:

(1) Die Vorstellung kurzzeitiger Erzeugungen und Vernichtungen von materiellen Teilen wird in dieser Geschichte zu realistisch interpretiert. Denn diese Vorstellung beruht darauf, dass Energie oder Übergangsamplituden in der Quantenfeldtheorie mit Hilfe der sogenannten quantenmechanischen Störungstheorie berechnet werden, die – grob gesagt – von kleineren Einflüssen auf beschriebene Phänomene absieht. Im Rahmen dieser Berechnungen treten Größen auf, die von einigen Physikern als Hinweise auf virtuelle Teilchen gedeutet wurden, deren Verhalten den Energieerhaltungssatz in einem sehr kurzen Zeitraum verletzen können, bevor sie wieder absorbiert werden. Diese Deutung muss als theoretisches Konstrukt betrachtet werden, dem man eine reale Existenz nicht ohne weiteres zuschreiben darf.

(2) Einige relevante Fragen in Bezug auf die physikalische Schöpfungsgeschichte konnten bisher nicht beantwortet werden, weil die dafür erforderlichen Theorien noch nicht entwickelt worden sind. Wie können etwa die Gesetze der Quantenfluktuation auf die Gravitation Anwendung finden? Um diese Frage beantworten zu können, fehlt eine konsistente Theorie der Quantengravitation. Oder kann der klassische Zusammenhang zwischen Gravitation und Raum-Zeit-Struktur in einer Quantenfeldtheorie der Gravitation überdauern? Bisher ist nicht klar, ob das Äquivalenzprinzip in der Quantengravitation gültig ist. Und können die statistischen, also stochastischen Aussagen der Quanten-Feldtheorie überhaupt zur Erklärung von Einzelereignissen herangezogen werden? Das ist ein offenes Problem der Quantenkosmologie. Denn möglicherweise können mit stochastischen Theorien nur wahrscheinlichkeitstheoretisch definierte Verteilungen von Einzelereignissen, nicht aber singuläre Ereignisse erklärt werden.

(3) Zwar ist nicht ausgeschlossen, dass sich irgendwann die Schöpfung unseres Universums mit Blick auf die Quantenfluktuation erklären lässt, doch müssen dafür die aufgeführten Vorbehalte überzeugend ausgeräumt werden.

Wie bereits angedeutet, unterstützt die physikalische Schöpfungsgeschichte, sollte sie sich bewahrheiten und in der Physik allgemein anerkannt werden, den Atheismus. Doch zugleich untermauert sie offenbar auch den radikalen Deismus (9.22 (2)) und den abstrakten Theismus (9.28). Die spezielle Form des Atheismus, um den es hier geht, ist der lokale Atheismus, der den minimalen abrahamitischen Theismus (9.27) bestreitet.

Das ist logisch möglich, weil auch der radikale Deismus und der abstrakte Theismus mit dem minimalen abrahamitischen Theismus logisch unvereinbar sind.

Immer dann, wenn wir historische Vergleiche von Positionen über lange Zeiträume hinweg anstellen, ist Vorsicht geboten. Meist hinken diese Vergleiche, und oft in vielerlei Hinsicht. Trotz dieser berechtigten Warnung mag der Hinweis erlaubt sein, dass die physikalische Schöpfungsgeschichte eine Art von struktureller Ähnlichkeit mit der grundlegenden Intuition der uralten mythischen Schöpfungsgeschichten (9.13) aufweist: Der Kosmos entsteht aus einem Nichts, das gleichwohl ein energetisches Element enthält. Idealistische Theologien wie der Neuplatonismus und Hegels Theologie haben mit der Idee gerungen, dass das Universum nicht allein aus materiellen Grundlagen hervorgegangen sein kann. Sie haben daher auf eine immaterielle ›Energie‹ zurückgegriffen, die sie mit geistiger Aktivität identifiziert haben.

Die Blaupause für diese Überlegung lieferte Aristoteles. In Buch XII seiner Metaphysik, das der philosophischen Theologie gewidmet ist, entwickelt er im zentralen 7. Kapitel die Argumentation, dass es aus physikalischen Gründen eine erste, von nichts anderem abhängige Substanz geben muss, die ewig ist, alles andere bewegt, selbst ebenfalls bewegt ist und eine reine immaterielle Aktualität (*energeia*, »Energie«) darstellt. Und das einzige Modell für die bewegende und selbstbewegte immaterielle Energie, die Aristoteles finden konnte, ist der Geist und seine Aktivität, das Denken (siehe oben 9.30 (4)).

Wir können nun mit einiger Wahrscheinlichkeit annehmen, dass Aristoteles und vielleicht sogar einige Vertreter der idealistischen Theologie, die von einem unpersönlichen Gott ausgegangen sind, ernsthaft erwogen hätten, in ihrer Theologie auf das Konzept immaterieller Felder mit physikalischer Energie zurückzugreifen, das in der modernen Physik entwickelt worden ist und entsprechend in der modernen Metaphysik eine grundlegende Rolle spielen könnte. Dies gilt erst recht von der stoischen Vorstellung eines göttlichen Kraftfeldes, das aufgrund seiner energetischen Spannung ständig kinetisch fluktuiert und das gesamte Universum durchdringt (siehe 9.28).

In jedem Fall scheint die physikalische Schöpfungsgeschichte, sollte sie sich bewahrheiten, einerseits den Atheismus zu unterstützen und andererseits einige theistische Vorstellungen über einen unpersönlichen Gott zu untermauern.

Klassischer Agnostizismus

Der religiöse Agnostizismus wird außer unter Spezialisten im gegenwärtigen religiösen Diskurs kaum noch diskutiert. Dabei kann diese Position auf eine reiche historische Tradition zurückblicken, die von einigen der einflussreichsten europäischen Denker getragen wurde, unter ihnen Cicero, Hume und Kant.

Die bereits erwähnte Schrift *De Natura Deorum* von Cicero zeigt an, dass bereits in der Antike Ansätze zu einer skeptischen rationalen Theologie existierten, die nicht nur behaupteten, sondern auch zu begründen versuchten, dass unsere Annahmen über Gott oder Götter weder verifizierbar noch falsifizierbar sind. Diese skeptische Theologie stellte eine Teildisziplin des allgemeinen antiken Skeptizismus dar, der seinerseits davon ausging, dass wir nichts sicher wissen können. Einige Varianten des antiken Skeptizismus haben diese These durch die Behauptung zu stützen versucht, dass sich für jede begründete Annahme p eine ebenso starke Begründung für die Annahme nicht-p finden lässt. Gegenwärtig lassen sich verschiedene Varianten des religiösen Agnostizismus voneinander unterscheiden.

9.88 *Klassischer religiöser Agnostizismus*

Der klassische religiöse Agnostizismus tritt in verschiedenen Varianten auf.

(1) Weicher religiöser Agnostizismus
- (a) Solange weder die theistischen noch die atheistischen Argumente für bzw. gegen die Existenz Gottes und seiner Eigenschaften überzeugend sind, sollte weder der Theismus noch der Atheismus akzeptiert werden. Vielmehr sollten wir uns unseres Urteils über die Gotteshypothese enthalten.
- (b) Bisher haben in den Debatten der rationalen Theologie weder die theistischen noch die atheistischen Argumente überzeugt.
- (c) Daher sollten wir bis auf weiteres weder den Theismus noch den Atheismus, sondern den religiösen Agnostizismus vertreten, der auf (1) (a)–(b) beruht.

(2) Harter religiöser Agnostizismus
- (a) Die Debatten der rationalen Theologie sprechen mit Nachdruck seit mehr als 2000 Jahren und insbesondere seit Kants Nachweis, dass Thesen über Gott unweigerlich in Antinomien führen, für die Diagnose, dass Aussagen über Gott jenseits der menschlichen Erkenntnismöglichkeiten liegen und daher prinzipiell unentscheidbar sind.
- (b) Demnach sind weder der Theismus noch der Atheismus als religiöse Positionen haltbar. Damit verbleibt ein religiöser Agnostizismus, der auf (2) (a) beruht, als einzig vertretbare Option.

In der bereits erwähnten Schrift *De natura deorum* (*Über die Natur der Götter*) von Cicero wird ein weicher religiöser Agnostizismus verteidigt. In David Humes ebenfalls erwähnter Schrift *Dialogues on Natural Religion* wird dagegen ein harter religiöser Agnostizismus auf der Basis des klassischen Empirismus vertreten, der behauptet, dass all unser Wissen letztlich auf Wahrnehmung und empirischer Erfahrung beruht. Für Hume überschreiten alle Aussagen über Gott unsere empiristisch eingeschränkten Erkenntnismöglichkeiten.

In der Frühen Neuzeit wurde dagegen etwa von Thomas Hobbes (1588–1679) ein radikaler Deismus vertreten (9.22 (2)), den man auch als »moderaten religiösen Agnostizismus« bezeichnen könnte:

9.89 *Moderater (deistischer) Agnostizismus*

(1) Das Universum besteht nicht ewig (wie etwa Aristoteles angenommen hatte), sondern hat Anfang und Ende (wie die Bibel sagt).

(2) Aus (1) folgt, dass es ein übermächtiges Wesen gibt, das die Welt kausal hervorgebracht hat. Dieses Wesen ist Gott.

(3) Über (1) und (2) hinaus können wir über Gott nichts wissen. Wir können ihn allenfalls in seinem Werk bzw. dem geordneten Universum als dasjenige Wesen erkennen, welches eben dieses Universum unter anderem so erschaffen hat, wie es für uns auch erkennbar ist.

(4) These (3) lässt sich durch die Grenzen unseres Erkenntnisvermögens und die unendliche Distanz zwischen Gott und Welt (die Menschen eingeschlossen) begründen.

(5) Alle anderen Aussagen über Gott in den abrahamitischen Religionen (wie die Aussage, dass er ein Geist

oder eine Person ist und sich um uns kümmert und unsere Gebete erhören kann oder dass er denkt und fühlt und in der Apokalypse oder schon nach unserem Tod über uns richtet) sind bloße Spekulationen und stellen allenfalls Ausdrücke unserer Verehrung dar.

Die agnostischen Thesen (3)–(5) werden im moderaten (deistischen) Agnostizismus in Gestalt der Thesen (1)–(2) mit einem minimalistischen Theismus verbunden, der nicht ausschließt, dass Gott lediglich eine physikalische Ursache von übermächtiger Wirksamkeit ist.

Im 20. Jahrhundert wurden weitere Varianten des klassischen (weichen und harten) religiösen Agnostizismus voneinander unterschieden und vertreten:

9.90 *Varianten des klassischen religiösen Agnostizismus*

(1) Weder die theistische Hypothese, dass Gott existiert, noch die atheistische Hypothese, dass Gott nicht existiert, können rational begründet oder durch empirische Evidenz bestätigt werden.
(2) Weder die theistische Hypothese, dass Gott bestimmte Eigenschaften hat, noch die atheistische Hypothese, dass Gott diese Eigenschaften nicht hat, können rational begründet oder durch empirische Evidenz bestätigt werden.
(3) Wir können über Gott oder Götter nichts wissen, also keine wahre begründete Meinung über Gott oder Götter entwickeln.
(4) Die Behauptung, dass Gott existiert, ist weder wahr noch falsch.
(5) Die Behauptung, dass Gott bestimmte Eigenschaften hat, ist weder wahr noch falsch.

Die Varianten (1)–(5) haben einen unterschiedlichen Status: Variante (3) ist nicht mehr als eine allgemeine Folgerung aus (1)–(2). Die Varianten (1) und (2) stellen Reformulierungen des klassischen religiösen Agnostizismus sowohl in seiner weichen als auch in seiner harten Version (9.88 (1)–(2)) dar.

Die Varianten (4) und (5) sind dagegen von anderer Art. Sie behaupten, dass religiöse Aussagen keinen Wahrheitswert und damit keine Wahrheitsbedingungen aufweisen. Derartige Aussagen können auf ihre Wahrheit oder Falschheit hin nicht überprüft werden. Legt man die Varianten (4) und (5) zugrunde, so werden die Varianten (1)–(3) sinnlos. Diese Position kann an Daniel Dennetts Auffassung (vgl. 9.82) anknüpfen.

9.91 *Kritik am klassischen religiösen Agnostizismus*

(1) Der weiche religiöse Agnostizismus (9.88 (1)) stellt eine Position dar, die gegenüber dem Theismus und Atheismus abgeleitet bzw. derivativ und theologisch anspruchslos ist. Theismus und Atheismus leisten die gesamte argumentative Arbeit. Der klassische religiöse Agnostizismus beschränkt sich dagegen auf die einfache Aussage, dass die Argumente der Theisten und Atheisten gleichermaßen unplausibel sind. Doch ist es schwierig, wenn nicht gar unmöglich, angesichts von komplexen Argumenten und Theorien, die mit Wahrscheinlichkeiten arbeiten, den Nachweis zu führen, dass verschiedene Argumente und Theorien gleichermaßen unplausibel sind.

(2) Der harte religiöse Agnostizismus (9.88 (2)) beruht dagegen zwar auf Argumenten, die sich aber nicht auf theologischer, sondern auf erkenntnistheoretischer Ebene bewegen. Denn diese Variante fußt auf dem Empiris-

mus, der seinerseits verschiedene Versionen umfasst und keineswegs allgemein anerkannt ist.

Diese Kritik trifft allerdings nicht den religiösen Agnostizismus im Sinne der Varianten (4) und (5) aus 9.90. Im folgenden Abschnitt soll diese Spielart des religiösen Agnostizismus daher genauer diskutiert werden. Dabei geht es insbesondere darum, genauer zu klären, inwiefern dieser Spielart zufolge religiöse Aussagen über Gott und seine Eigenschaften sinnlos sind. Tatsächlich hat bereits die klassische analytische Philosophie des 20. Jahrhunderts geltend gemacht, dass nur Sätze, die Wahrheitsbedingungen aufweisen, sinnvoll sind. Daraus folgt, dass Sätze, die keine Wahrheitsbedingungen aufweisen, sinnlos sind.

2.2 Semantischer Agnostizismus und Atheismus

Elementarer Gottesbegriff

Wenn sich die rationale Theologie mit Gott beschäftigt, dann legt sie ihren Überlegungen, wie wir gesehen haben, stets einen bestimmten Gottesbegriff zugrunde. Zumindest stellt es eine rationale Forderung dar, den Gottesbegriff dann genauer zu spezifizieren, wenn wir uns vernünftige Gedanken über Gott und seine Eigenschaften machen wollen. Diese rationale Forderung gilt sowohl für den Theismus als auch für den Atheismus. Wenn es unklar und vage bleibt, über welchen Gott wir reden, dann sind Beweise dafür, dass Gott existiert, aber auch Beweise dafür, dass Gott nicht existiert, nicht besonders überzeugend. Insbesondere muss, wie etwa Holm Tetens hervorgehoben hat, vorausgesetzt werden, dass der Gottesbegriff logisch konsistent ist, also keinen logischen Widerspruch enthält. Denn aus einem logischen Widerspruch folgt logisch jede beliebige Annahme, so dass der semantische Gehalt eines logisch widersprüchlichen Begriffs vollständig unspezifisch und daher leer ist (vgl. unten 9.107).

Bereits in der klassischen Antike wurde dafür argumentiert, dass verbreitete Gottesbegriffe, denen zufolge Gott allwissend, allmächtig und perfekt gut ist, logisch widersprüchlich sind (siehe 9.55 (5)).

Außerdem wurde darauf hingewiesen, dass Gottes metaphysische Transzendenz mit der anthropomorphen Beschreibung seiner Eigenschaften in Widerspruch gerät. Gott gehört nicht der raumzeitlichen Welt an; er kann von Menschen mit ihren eingeschränkten Erkenntnisfähigkeiten nur schwer, womöglich überhaupt nicht erkannt werden; er lässt sich nicht im Rahmen menschlicher Moralvorstellungen bewerten; und er ist absolut frei und den Gesetzen unserer Welt nicht unterworfen. Kurz: Gott ist metaphysisch, erkenntnistheoretisch, ethisch und handlungstheoretisch transzendent. Doch welche Eigenschaften wir Gott auch immer zuschreiben, es wird sich um – gegebenenfalls idealisierte – menschliche Eigenschaften handeln müssen. Damit gerät die Zuschreibung von Eigenschaften im Falle von Gott in Widerspruch zu seiner Transzendenz. Dieses Problem hat David Hume in seinen *Dialogues on Natural Religion* so detailliert und pointiert wie kein anderer religiöser Agnostiker vor oder nach ihm ausbuchstabiert.

Der religiöse Agnostizismus, der sich in diesen klassischen Argumenten abzeichnet, kann »semantischer Agnostizismus« genannt werden, weil er im Kern behauptet, dass der Gottesbegriff logisch widersprüchlich ist und daher keinen spezifischen semantischen Gehalt hat, also keine spezifische Bedeutung aufweist (siehe unten 9.107). Der semantische religiöse

Agnostizismus kann ebenso wie Theismus und Atheismus eine globale und eine lokale Form annehmen, geht aber meist von einem Gottesbegriff aus, der die Gemeinsamkeiten, nicht die Unterschiede der abrahamitischen Gottesbegriffe artikuliert. W. Wainwright, einer der scharfsinnigsten und einflussreichsten gegenwärtigen Religionstheoretiker, behauptet zu Recht, dass der Kern dieser Gemeinsamkeiten die Vorstellung ist, dass Gott maximal groß ist. Maximale Größe involviert Allgegenwärtigkeit, Allwissenheit, Allmacht und perfekte Güte, aber auch Unendlichkeit und Personalität (vgl. 9.27). Ähnlich hat Holm Tetens die Gottesvorstellung, die von den abrahamitischen Religionen geteilt wird, als unendliches Ich-Subjekt beschrieben (9.66).

Wir können diese Gottesvorstellung auf eine noch elementarere Form reduzieren: Wenn Gott eine Person oder ein Subjekt ist, dann muss er zumindest einen Geist haben oder sogar ein Geist sein. Wenn er ferner allwissend ist, dann muss er zumindest ein Denker sein und denken können. Und seine maximale Größe schließt ein, dass er nicht durch irgendwelche Schranken begrenzt sein kann. Von diesem Gottesbegriff gehen auch viele moderne Religionstheoretiker aus.

9.92 *Semantischer religiöser Agnostizismus und elementarer Gottesbegriff*

(1) Elementarer Gottesbegriff
Die elementarsten Eigenschaften Gottes sind absolute Perfektion, Unendlichkeit, Geistigkeit und Denkfähigkeit als Varianten seiner Unendlichkeit oder seiner maximalen Größe.

(2) Semantischer religiöser Agnostizismus
Die zentrale Aussage des semantischen Agnostizismus lautet, dass der elementare Gottesbegriff logisch

widersprüchlich, semantisch leer und damit sinnlos ist.

Der elementare Gottesbegriff ist lokal, weil er etwa nicht die hinduistische Gottesvorstellung oder den Pantheismus umfasst. Doch zugleich ist er nahezu global, weil er in den Gottesbegriffen der abrahamitischen Religionen, des klassischen, personalen und offenen Theismus, des All-Gott-Theismus, des Panentheismus sowie des Aristotelismus und des Neuplatonismus logisch enthalten ist.

In den folgenden Abschnitten wird der semantische religiöse Agnostizismus genauer erläutert und diskutiert durch Rückgriff auf einige moderne Theorien, vor allem Mathematik und Philosophie des Geistes.

Gott und Unendlichkeit

Gott ist entsprechend dem elementaren Gottesbegriff maximal groß. Seine maximale Größe schließt unter anderem numerische Unendlichkeiten ein. Gott ist etwa allwissend. Er weiß alle Dinge und kann alle Dinge denken. Sei G die Menge aller Gedanken, mit denen er alle Dinge denkt. Da Gott ein sehr vernünftiges Wesen ist, kann und wird er dann auch alle Gedanken denken, die aus G logisch folgen. Vermutlich ist bereits die Menge G numerisch unendlich. Doch selbst dann, wenn G endlich wäre, so wäre doch die Menge aller logischen Folgerungen aus G numerisch unendlich. Dies folgt aus der logischen rekursiven Syntax, die eine unendliche logisch gültige Erweiterung beliebiger Gedanken und Sätze zulässt.

Genau dieses Argument gilt auch im Falle von Gottes Allmacht und Freiheit. Gott kann jede beliebige Handlung vollziehen, und er muss für jede beliebige Handlung H auch die Menge aller rationalen Folgehandlungen von H ausführen. Und dieser Prozess läuft ebenfalls auf eine unendliche Menge von Handlungen hinaus.

Der Begriff der Unendlichkeit ist allerdings mehrdeutig. Bereits Aristoteles hat zwischen potentieller und aktualer Unendlichkeit unterschieden.

9.93 *Potentielle und aktuale Unendlichkeit*

(1) Eine unendliche Menge (also eine Menge, die unendlich viele Elemente enthält) ist dann aktual unendlich, wenn alle ihre Elemente in der Realität vorkommen.

(2) Eine unendliche Menge ist dann potentiell unendlich, wenn ihr erstes Element gegeben ist und wenn sie eine Nachfolger-Relation enthält, die angibt, welches ihrer Elemente auf ein beliebiges gegebenes Element folgt.

Die Menge aller natürlichen Zahlen wäre etwa dann aktual gegeben, wenn sie vollständig in der Realität vorkommen würde. Die moderne Mathematik greift jedoch überwiegend nur noch auf die potentielle Unendlichkeit zurück. Die Menge N der natürlichen Zahlen kann zum Beispiel in folgendem Sinne generiert werden:

(KN) Generierung der Elemente von N:

(1) Beginne mit der Zahl 1.

(2) Hast Du die Zahl n konstruiert, füge die Zahl n + 1 hinzu (dabei ist n eine beliebige, aber konkret vorgegebene natürliche Zahl).

(3) Mit der Befolgung von (1) und (2) sind die Elemente von N potentiell unendlich gegeben.

Das Beispiel (KN) deutet an, was es in der Mathematik bedeutet, das Unendliche mit endlichen Mitteln zu bewältigen. Von irgendwelchen Stellen in einer unendlichen Zahlenfolge zu reden, kann demnach nur bedeuten, dass es sich um Stellen handelt, die entsprechend (KN) generiert werden können.

Ähnliches gilt etwa von der mathematischen Konvergenz. Dass etwa die unendliche Zahlenfolge 1/1, 1/2, 1/3, 1/4, ... 1/10, ... 1/1000, ... gegen den Grenzwert 0 konvergiert, bedeutet: Immer dann, wenn wir eine beliebige konkrete Stelle x in dieser Folge vorgeben, kann immer noch eine weitere Stelle y angegeben werden derart, dass y zwischen x und 0 liegt. Ähnlich seufzt Großmutter: »Es gibt offenbar unendlich viele Mücken. Wie viele ich auch immer totschlage, da sind immer noch mehr, die mich stechen.« In einem kleinen Dialog bei Wittgenstein heißt es: »Ich habe etwas Unendliches gekauft und nach Hause gebracht.« – »Guter Gott, wie hast Du das tragen können?« – »Es war ein Lineal, ein Objekt mit unendlichem Krümmungskreis!«

Wenn Gottes Eigenschaften zum Teil numerische Unendlichkeiten einschließen, dann müsste es sich um aktuale Unendlichkeiten, nicht um potentielle Unendlichkeiten handeln, denn potentielle Unendlichkeiten sind schwächer als aktuale Unendlichkeiten und entsprechen daher nicht Gottes maximaler Größe und Perfektion.

Im Rahmen der Geschichte der Philosophie ist oft und zum Teil kritisch über die Idee der Unendlichkeit nachgedacht worden. Ein prominentes Beispiel liefern die Paradoxien des Unendlichen, die Kant in der *Kritik der reinen Vernunft* darstellt. Doch in der europäischen Moderne gilt primär die Mathematik als diejenige Wissenschaft, die sich mit dem Unendlichen in einer sehr präzisen Weise beschäftigt. Wenn wir die Unendlichkeit genauer studieren wollen, dann müssen wir uns vor allem in der modernen Mathematik umtun. Dabei zeigt sich, dass es in der Mathematik eine Reihe von Ungereimtheiten gibt, wenn man den aktualen Unendlichkeitsbegriff verwendet, wie es theologisch gesehen eigentlich gefordert wäre.

Wenn wir, wie in der Logik üblich, die Formel E (x) so deuten, dass x die Eigenschaft E hat, dann kann man zu dieser Formel, so scheint es, stets die Menge {x | E (x)} darstellen – also die Menge aller Dinge x, die die Eigenschaft E haben (man notiert x ε M, um anzugeben, dass x ein Element der Menge M und also in M enthalten ist):

9.94 *Mengenprinzip (MP)*

Zu jeder Eigenschaft E gibt es die Menge M = {x | E (x)}.

Das Mengenprinzip geht davon aus, dass die Elemente von Mengen in der Welt auf irgendeine Weise vorkommen. Wenn wir Mengen bilden, dann erschaffen wir anscheinend nicht zuallererst ihre Elemente, sondern fassen gegebene Dinge lediglich als Elemente einer bestimmten Menge zusammen. Wir können diesen Punkt mit Bezug auf endliche Mengen auch so formulieren:

9.95 *Prinzip der Aktualität (MAE)*

Sei M = {x | E (x)} eine endliche Menge, dann sind ihre Elemente x aktual gegeben.

Das Prinzip (MP) erlaubt es auch, von unendlichen Mengen zu reden, also von Mengen, die unendlich viele Elemente enthalten. Nennen wir etwa die Eigenschaft N, eine natürliche Zahl zu sein, so ist NZ = {x | N(x)} die Menge aller natürlichen Zahlen, und NZ ist eine unendliche Menge. In diesem Falle liegt es nahe, das Prinzip (MAE) auf die Fälle unendlicher Mengen auszudehnen:

9.96 *Prinzip der aktualen Unendlichkeit (MAU)*

Sei ME = {x | E(x)} eine unendliche Menge, dann sind ihre Elemente x aktual gegeben.

Mit diesem Prinzip scheinen wir auf den ersten Blick von aktualer Unendlichkeit zu reden, doch weist diese Redeweise einige Merkwürdigkeiten auf. Hier ein Beispiel: Die Anzahl der Elemente einer Menge wird auch die Mächtigkeit dieser Menge genannt. Wenn man zwischen den Elementen zweier Mengen eine umkehrbar eindeutige Zuordnung konstruieren kann, dann sind die beiden Mengen gleichmächtig.

Betrachten wir nun einerseits die unendliche Menge NZ der natürlichen Zahlen und andererseits die ebenfalls unendliche Menge NZG der geraden natürlichen Zahlen, so können wir durch die Zuordnungsvorschrift n → 2n eine umkehrbar eindeutige Zuordnung zwischen allen Elementen der Mengen NZ und NZG konstruieren: 1 ↔ 2, 2 ↔ 4, 3 ↔ 6, 4 ↔ 8, 5 ↔ 10 … Folglich sind die Mengen NZ und NZG gleichmächtig, obgleich nach unserer natürlichen Vorstellung NZ doppelt so viele Elemente enthalten sollte wie NZG. Wenn wir das Unendliche als aktual gegeben denken, dann liegt es nahe, die Anzahl der Elemente unendlicher Mengen selbst als eine besondere Zahl zu betrachten. Nennen wir diese Zahl U und verallgemeinern die oben beobachtete Merkwürdigkeit zu der Gleichung:

(1) U + U = U oder 2 × U = U, oder noch allgemeiner zu
(2) n × U = U für jede natürliche Zahl n.

Kurz: Das Unendliche als Zahl betrachtet verhält sich paradoxerweise wie die Null in Additionen, denn es gilt:

(1)* $0 + 0 = 0$ und $2 \times 0 = 0$,
(2)* $n \times 0 = 0$ für jede natürliche Zahl n.

Wir können aus den Gleichungen (1) und (2) die merkwürdige Botschaft ziehen, dass unendliche Mengen mit ihren unendlichen Teilmengen gleichmächtig sind. Dieses Resultat wird oft verwendet, um unendliche Mengen genau durch diese Merkwürdigkeit zu definieren: Eine Menge ist unendlich genau dann, wenn sie mit einer ihrer Teilmengen gleichmächtig ist.

Das sind Merkwürdigkeiten, die auf Prinzip (MAU) zu beruhen scheinen, entsprechend dem das Unendliche wie etwas Gegebenes aufgefasst wird, das mit einem spezifischen mathematischen Symbol bezeichnet werden kann.

Es ergeben sich weitere Probleme mit diesem Prinzip. Betrachten wir etwa die Dezimalentwicklung der Zahl π. Es wurde bewiesen, dass π, als Dezimalbruch notiert, nicht periodisch ist und unendlich viele Nachkommastellen hat. Hier sind die ersten 99 Nachkommastellen:

$$\pi = 3.14159265359140397848253241421927966391989323482583519907\ 484797746\ 31213467319607687311770202760658o1.$$

Wir könnten nun etwa behaupten:

> (S) In der Dezimalentwicklung von π kommt die Zahlenfolge 1234567890 mindestens einmal 10-billionenmal hintereinander vor (10 Billionen = 10 000 Milliarden).

Viele Aussagen über die Dezimalentwicklung der Zahl π können auf keine Weise als falsch nachgewiesen werden – und das gilt auch für Satz (S). Denn eine Falsifikation von (S) oder auch nur eine Prüfung, ob (S) falsifiziert werden kann, würde es erforderlich machen, wirklich alle Nachkommastellen von π durchzuprüfen, und das ist uns als endlichen Wesen nicht möglich.

Allerdings ist es durchaus möglich, dass ein Satz über die Dezimalentwicklung von π anhand der bisher errechneten Entwicklung verifiziert (als wahr erwiesen) werden kann. So könnten wir behaupten:

> (S)* In der Dezimalentwicklung von π kommt die Zahlenfolge 5199074847977463121 mindestens einmal vor.

These (S)* ist in der Tat wahr, denn diese Zahlenfolge kommt nachweisbar unter den ersten 99 Nachkommastellen vor. Es ist jedoch extrem unwahrscheinlich, dass Satz (S) unter Anwendung der heutigen und künftig absehbaren Rechenfertigkeiten verifiziert werden könnte. Und wir könnten diese geringe Wahrscheinlichkeit beliebig weiter senken (prinzipiell zu einer Wahrscheinlichkeit gegen null), wenn wir in (S) den angegebenen Multiplikationsfaktor (10-billionenmal) erheblich erhöhen, etwa auf 1000-quadrillionenmal. Wir können demnach unter Anwendung von endlichen Mitteln nicht entscheiden, ob (S) wahr oder falsch ist. Das legt eine weitergehende These nahe:

> (SS) Der Satz (S) ist weder wahr noch falsch.

Gegen These (SS) formiert sich meist massiver Protest: Aus der Tatsache, dass wir mit endlichen Mitteln (und daher prinzipiell) nicht entscheiden können, ob (S) wahr oder falsch ist, folgt noch gar nicht, dass (S) weder wahr noch falsch ist!? Warum können wir nicht unabhängig davon behaupten, dass die Zahlenfolge 1234567890 mindestens einmal 10-billionenmal hintereinander irgendwo in der unendlichen Dezimalentwicklung von π entweder vorkommt oder nicht, ob wir dies jemals wissen oder nicht? Und aus diesem Grunde wäre (S) entweder wahr oder falsch.

Doch dieser Einwand setzt voraus, dass die vollständige unendliche Dezimalentwicklung von π draußen in der Welt gegeben ist und somit (S) entweder wahr oder falsch macht. Doch lässt sich diese Voraussetzung nicht beweisen (oder sie wurde bisher nicht bewiesen). Satz (S) hat daher einen ähnlichen Status wie etwa die Sätze *Das Einhorn ist ein hübsches Tier* oder *Der Teufel ist ein übler Geselle*. Derartige Sätze haben keine Wahrheitsbedingungen, sie machen keinen Sinn und sind weder wahr noch falsch. Sie sind unsinnig und, wie einst Paul Lorenzen formulierte, einfach Unfug, und zwar offensichtlich aus dem Grund, weil ihre Subjektausdrücke auf nichts in der Welt referieren. Wir können solche Aussagen deshalb nicht im strikten Sinn denken, weil sie keine Korrektheitsbedingungen und somit keinen semantischen Gehalt aufweisen. Wir müssen uns also auf die potentielle Unendlichkeit zurückziehen. Diese Strategie hat sich in der modernen Standard-Mathematik tatsächlich eingebürgert:

9.97 *Finitismus in der Mathematik*

(1) In der Mathematik führt die Annahme aktual-unendlicher Mengen zu einer Reihe von Ungereimtheiten.
(2) Aktuale Unendlichkeit können wir Menschen nicht denken.
(3) Daher sollte in der Mathematik und auch sonst nur von potentieller Unendlichkeit ausgegangen werden.

Aus 9.97 folgt unmittelbar:

9.98 *Gott und die Unendlichkeit*

(1) Wenn Gott eine maximal große Realität und in diesem Sinne unendlich ist und wenn diese Unendlichkeit zum Teil quantitativ ist, dann muss diese Unendlichkeit eine aktuale Unendlichkeit sein, denn wäre Gott lediglich potentiell unendlich, so wäre er kein perfektes Wesen.

(2) Aus (1) und 9.97 (2) folgt, dass wir Gott nicht als quantitativ unendliches Wesen denken können.

Allerdings zeigt sich in der modernen Mathematik eine hochinteressante Entwicklung, die nach Auffassung vieler Autoren das aktual Unendliche in die Mathematik zurückgebracht hat. Ende des 19. Jahrhunderts hat sich der deutsche Mathematiker Georg Cantor intensiv mit dem Unendlichen beschäftigt. Cantor hatte zunächst gezeigt, dass die Menge der natürlichen Zahlen und die Menge der rationalen Zahlen (also der Brüche) gleichmächtig sind, obwohl es doch intuitiv unendlich viel mehr rationale als natürliche Zahlen zu geben scheint. Allein im Intervall zwischen 1 und 2 liegen schon unendlich viele rationale Zahlen. Doch hatte Cantor darüber hinaus nachgewiesen, dass es tatsächlich unendliche Mengen gibt, die nicht gleichmächtig sind – insbesondere Mengen, die echt größer sind als die unendliche Menge der natürlichen Zahlen.

In diesem Zusammenhang hat Cantor Folgendes überlegt: Es sei N die Menge der natürlichen Zahlen und Pot (N) die Potenzmenge von N (also die Menge aller Teilmengen von N). Nun konstruieren wir eine Abbildung (also eine mathematische Funktion) f: N → Pot (N), die jeder natürlichen Zahl m aus N eindeutig eine bestimmte Teilmenge von N, also eine bestimmte Menge m* aus Pot (N) zuordnet. So könnte es sein (vorausgesetzt, dass wir f entsprechend konstruieren), dass z. B. unter anderem gilt: f (1) = {2,3} und f (2) = {1,3, 5}.

Nun konstruieren wir eine Teilmenge von N, die von unserer Abbildung f nicht erfasst werden kann, und zwar die Menge S = {m ε N | nicht: m ε Pot (N)}. Derartige Abbildungen f gibt es natürlich. Wir könnten f etwa so konstruieren:

f* (x) = {2x} für alle x = 1, …, 1 000 000, und f*(x) = {123456788} für alle x > 1 000 000.

In diesem Fall liegen unendlich viele Teilmengen von N nicht im Wertebereich von f*, wie etwa alle Teilmengen, die nur aus ungeraden Zahlen bestehen. Daher ist die Menge S nicht leer.

Man kann dann beweisen, dass die Menge S kein Bild einer natürlichen Zahl gemäß der Abbildung f* ist, dass f* also die Menge S nicht als Wert erfasst. Denn entweder ist m in f* (m) oder nicht. Wenn m in f* (m) ist, dann ist (nach Definition von S) m nicht in S. Also ist f* (m) ≠ S. Wenn m nicht in f* (m) ist, dann ist m in S. Also ist (nach Definition von S) ebenfalls f* (m) ≠ S. Dies gilt für jede natürliche Zahl m!

Angenommen, wir definieren f* (m) = {m + 1, m + 2, m + 3, …}, also f* (1) = {2, 3, 4, …}, f* (2) = {3, 4, 5, …}, usw. bis ins Unendliche, dann werden durch f* die Teilmengen {m, m + 1, m + 2, m + 3, …} von N für jede natürliche Zahl m nicht erfasst. Denn diese Teilmengen sind kein Bild der mathematischen Funktion f*, werden also durch f* nicht einer natürlichen Zahl zugeordnet.

Es ist daher nicht möglich, zwischen N und Pot (N) eine umkehrbar eindeutige Zuordnung herzustellen und sie damit als gleichmächtig zu erweisen. Pot (N) enthält sozusagen mindestens ein Element mehr als N. Man könnte sagen:

Pot (M) > M für alle unendlichen Mengen M.

Wir haben damit also, so scheint es, eine Unendlichkeit gefunden, die größer ist als die abzählbare Unendlichkeit der Menge der natürlichen Zahlen. Und darum: Es gibt unendliche Mengen, die nicht gleichmächtig sind.

Und darum kann man, wie es scheint, eigene Zahlensymbole für diese beiden Unendlichkeiten einführen. Wenn wir etwa festlegen: *И* = abzählbare Unendlichkeit, *Л* = überabzählbare Unendlichkeit, dann scheint zu gelten:

Л > *И*.

Es ist leicht zu sehen, dass es nicht bei diesen beiden Unendlichkeiten bleibt. Denn sei N eine unendliche Menge, dann ist nicht nur Pot (N) eine größere unendliche Menge als N, sondern Pot (Pot (N)) (die Menge aller Teilmengen von Pot (N)) ist echt größer als Pot (N) (die Menge aller Teilmengen von N). Und dieses Manöver können wir mit der Reihe Pot (Pot (Pot (N))), Pot (Pot (Pot (Pot (N)))), Pot (Pot (Pot (Pot (Pot (N))))) usw. bis ins Unendliche fortsetzen. Wir erhalten somit unendlich viele unterschiedlich große Unendlichkeiten, die wir, wie es scheint, alle mit Zahlennamen belegen könnten.

Solche Zahlen hat man »transfinit« genannt. Mit transfiniten Zahlen werden damit offenbar aktuale Unendlichkeiten bezeichnet, denn andernfalls würde die Größer-Kleiner-Beziehung keinen Sinn machen. Und so scheint das Aktual-Unendliche mit großer Wucht in die Mathematik zurückgekehrt zu sein.

Zumindest Cantor selbst hat die Unendlichkeit der transfiniten Zahlen unmissverständlich als aktual betrachtet und dabei auch an Gott gedacht, denn er hat die aktuale Unendlichkeit Gottes und die aktuale Unendlichkeit der transfiniten Zahlen gleichermaßen als unbeschränkt angesehen. Das bedeutet nicht, dass Cantor die Unendlichkeit Gottes ihrer Art nach vollständig mit der Unendlichkeit der transfiniten Zahlen identifiziert hat, sondern nur, dass beide Unendlichkeiten in Hinsicht auf ihre Unbeschränktheit miteinander übereinstimmen und insofern eine Art von Analogie zueinander aufweisen.

Cantor hat daher seine Theorie der transfiniten Zahlen ausdrücklich als wichtigen Schritt auf dem Weg zum Thron Gottes bezeichnet. Daher werden diese Überlegungen oft als Schritt zum genauen Wissen über Gott interpretiert. Insbesondere hat man sie als theoretisches Hilfsmittel betrachtet, dem Verständnis einer aktualen Unendlichkeit näherzukommen und den elementaren Gottesbegriff zu rechtfertigen.

Nichts kann jedoch falscher sein als diese Interpretation. Denn Cantor hat explizit festgestellt, dass genau diese Art von aktualer Unbeschränktheit dem menschlichen Geist nicht zugänglich ist. Eine aktuale Unendlichkeit von Unendlichkeiten überschreitet die Grenze unseres Denkens. Denn die unendliche Menge aller Unendlichkeiten scheint die maximale Größe zu sein, die wir denken können. Und doch könnten wir dieser Menge etwa eine einzige Einermenge hinzufügen.

Betrachten wir zum Beispiel die Menge aller Mengen (nennen wir sie U), die universale Menge von Mengen. Nun hat entsprechend Cantors oben skizziertem Theorem die Potenzmenge von U (nennen wir sie »PU«) mehr Elemente als U. Die Elemente von PU sind jedoch nach Definition Mengen. Also ist PU eine Menge, die mehr Elemente umfasst als die Menge U, die aber bereits schon *alle* Mengen enthalten soll. Und das ist ein Widerspruch.

Cantor zieht daher aus seiner mathematischen Arbeit über transfinite Zahlen und seinen Reflexionen über Gottes aktuale Unendlichkeit tatsächlich agnostische Konsequenzen. Wir können Gott zwar eine aktuale Unendlichkeit und Unbeschränktheit zusprechen, doch diese Unendlichkeit und Unbeschränktheit können wir Menschen als endliche Wesen nicht denken. Daher können wir Gott als unendliches Wesen auch nicht erkennen.

Das Resultat dieser Überlegungen lautet:

9.99 *Transfinite Zahlen*

(1) Die mathematische Theorie der transfiniten Zahlen zeigt, dass es unendlich viele Mengen mit unterschiedlicher Mächtigkeit gibt.
(2) Insbesondere hat für jede unendliche Menge M ihre Potenzmenge eine größere Mächtigkeit als M.
(3) Auf dieser Grundlage scheint die unendliche Menge GM aller verschieden mächtigen unendlichen Mengen die größte Gesamtheit zu sein, die wir denken können. Diese Gesamtheit könnte Gottes maximale quantitative Größe sein.
(4) Doch entsprechend (1) können wir zu GM ihre Potenzmenge bilden, die größer ist als GM.
(5) Die Annahme einer maximalen quantitativen Größe Gottes führt also zu einem Widerspruch und kann daher nicht gedacht werden.
(6) Die Thesen (1)–(5) machen eine Begründung des semantischen religiösen Agnostizismus für einen Teil des elementaren Gottesbegriffes aus.

Gott, Geist und Denken

Die Eigenschaften, die wir Gott zuschreiben, sind uns aus unserer endlichen Alltagswelt bekannt. Doch als höchstes und perfektes Wesen muss Gott auch Eigenschaften besitzen, die seine Perfektion gewährleisten. In der christlichen Theologie wird seit langem der Standpunkt vertreten, dass die Theologie die Konzepte menschlicher Eigenschaften methodisch so verändern muss, dass sie dem höchsten Wesen angemessen sind. Üblicherweise wurde dieser Prozess in drei Stufen oder Wege unterteilt:

9.100 *Idealisierung menschlicher Eigenschaften in der Theologie*

(1) Ein Teil des semantischen Gehalts der Ausgangsbegriffe A_i werden bewahrt (die *via positiva* bzw. der positive Weg).
(2) Diejenigen Teile des semantischen Gehalts der A_i, die die Endlichkeit und Unvollkommenheit des Menschen repräsentieren, werden beseitigt (die *via negativa* bzw. der negative Weg).
(3) Die dermaßen behandelten A_i werden idealisiert (die *via eminentiae* bzw. der Weg der Außerordentlichkeit).

Menschen können gelegentlich Wissen in Gestalt von wahren und begründeten Meinungen erlangen. Endlichkeit und Unvollkommenheit menschlichen Wissens bestehen darin, dass sich Wahrheit durch neue Daten und Entdeckungen in Falschheit verwandeln und Begründungen lückenhaft sein können. Ein idealisiertes Wissen könnte auf ewig wahr sein und würde auf einer perfekten logischen Begründung beruhen. Dieses perfekte Wissen könnten wir Gott zuschreiben.

Ein weiteres Beispiel, um diesen Punkt noch klarer zu machen: Ausgangspunkt ist die Eigenschaft, ein guter Mensch zu sein. Doch Menschen sind nur teilweise gut, oder zuweilen weniger gut, als es möglich wäre. Eliminieren wir diese Unvollkommenheit. Damit erhalten wir die Eigenschaft, optimal gut zu sein, die wir dem All-Gott zuschreiben dürfen.

Der semantische religiöse Agnostizismus konzentriert sich, wie oben ausgeführt, auf den elementaren Gottesbegriff (9.92 (1)). In diesem Abschnitt geht es daher um Gottes Geist und Denken. Dafür stützt sich der semantische religiöse Agnostizismus auf die oben skizzierte Philosophie des Geistes, die den menschlichen Geist, wie oben gezeigt wurde, durch Funktionalität (9.7), Repräsentationalität (9.8) und Bewusstsein (9.9) ausgezeichnet sieht.

Der semantische religiöse Agnostizismus macht nun geltend, dass Funktionalität im faktischen, nicht-mathematischen Sinn stets an eine evolutionäre Entwicklungsgeschichte gebunden ist. In der Spezies der Giraffen hatten mittellange Hälse etwa die Funktion, Nahrung von einigermaßen hohen Bäumen zu beschaffen. Dann veränderten sich die Umweltbedingungen für Giraffen derart, dass die Nahrung von Giraffen meist nur noch an sehr hohen Bäumen zu finden war. Die mittellangen Hälse der Giraffen hatten dann zwar immer noch die Funktion, die Nahrung zu erreichen, konnten aber diese Funktion nicht mehr erfüllen und wurden dysfunktional. Einige Giraffen entwickelten aufgrund von Mutationen sehr lange Hälse, und das hatte den Effekt, dass diese Vorfahren die Nahrung an hohen Bäumen besser erreichen konnten. Dies wiederum verschaffte ihnen angesichts der neuen Umweltbedingungen Vorteile dabei, zu überleben und sich zu reproduzieren, so dass Giraffen mit längeren Hälsen unter allen Giraffen immer zahlreicher wurden. Die längeren Hälse konnten die Funktion, Nahrung an Bäumen zu beschaffen, wieder hinreichend erfüllen.

Der semantische religiöse Agnostizismus betont nun, dass eine evolutionäre Geschichte stets Phasen einer Dysfunktion enthält, dass sich dabei ferner Merkmale und Funktionen verändern und dass das Bestehen einer Funktion damit vereinbar ist, dass zugleich Dysfunktionalität vorliegt. Daraus folgt:

9.101 *Gott und die Funktionalität*

(1) Als perfektes Wesen hat Gott nur Eigenschaften, die sich nicht verändern. Er durchläuft keine evolutionäre Entwicklung, weil seine Eigenschaften bereits optimal sind. Zustände der Dysfunktionalität einer Eigenschaft wären ebenfalls mit seiner Perfektion unvereinbar.
(2) Die Eigenschaften Gottes einschließlich seiner geistigen Eigenschaften können nach (1) keine Funktionalität aufweisen.

Der semantische religiöse Agnostizismus erinnert auch daran,

- dass sich semantische Gehalte von Gedanken einzig und allein im Verlauf einer historischen Interaktion geistiger Wesen mit externen Faktoren formieren, die zugleich eine Lerngeschichte ist, die den evolutionären Mechanismen unterliegt,
- dass es ein zentrales Merkmal von Gedanken ist, Korrektheitsbedingungen aufzuweisen, und
- dass damit die wichtigsten Merkmale von Repräsentationen gekennzeichnet sind (9.8).

Daraus folgt:

9.102 *Gott und die Repräsentationalität*

(1) Gott müsste, um über Repräsentationen zu verfügen,
    (a) selbst eine lerngeschichtliche Entwicklung durchlaufen haben und
    (b) in seinem Denken fehleranfällig sein.
(2) Bedingung (a) aus (1) ist unerfüllbar, weil Gottes Wesen und Eigenschaften unveränderlich sind.

(3) Bedingung (b) aus (1) ist unerfüllbar, weil Gott nur wahre Gedanken hat.
(4) Aus (1)–(3) folgt, dass Gott keine mentalen Repräsentationen entwickeln kann.
(5) Wenn (4) gilt, dann hat Gott auch kein Monitorbewusstsein (9.9 (2)), denn ein Monitorbewusstsein besteht aus Repräsentationen von Repräsentationen.
(6) Wenn (5) gilt, dann hat Gott auch kein höheres Ich-Bewusstsein (9.9 (2)), denn das höhere Ich-Bewusstsein stellt eine spezifische Variante des Monitorbewusstseins dar.
(7) Wenn (6) gilt, dann kann Gott kein Ich-Subjekt sein, denn ein Subjekt ist an ein Ich-Bewusstsein gebunden.

Der menschliche Geist schließt auf elementarster Stufe deshalb Evaluationen ein, weil er sich in einer zum Teil feindlichen Umwelt behaupten muss. Evaluationen haben die Aufgabe, geistige Wesen durch die Gefahren und die Attraktivitäten der externen Realität hindurch zu navigieren. Die Möglichkeit, diese Evaluationen anzuwenden, setzt voraus, dass es überhaupt Situationen geben kann, die für die evaluierenden Wesen problematisch werden können. Bei Menschen handelt es sich dabei um Gefühle, die Ereignisse evaluieren bzw. bewerten (9.9 (3)–(5)). Der semantische religiöse Agnostizismus behauptet daher:

9.103 *Gott, Bewusstsein und Gefühle*

(1) Für Gott kann es keine problematischen Situationen geben, und zwar unter anderem aus dem Grunde, weil eine problematische Situation für ein Lebewesen dazu

führt, dass es bedürftig ist, während ein perfekter Gott keine Bedürftigkeit aufweist.

(2) Aufgrund von (1) bedarf Gott auch keiner Evaluationen von Situationen, in denen er sich befindet. Gott hat es nicht nötig zu spüren, wie es ist, in bestimmten mentalen Zuständen zu sein, braucht also diese Art von Bewusstsein nicht.

(3) Wenn Gott kein Bewusstsein hat und keine Repräsentationen entwickelt, dann verfügt er auch nicht über Gefühle, denn Gefühle sind basale bewusste Evaluationen und Repräsentationen. Insbesondere hat Gott keine Körpergefühle, denn er hat keinen Körper.

(4) Wenn Gott keine Gefühle haben kann, dann gilt das auch für Motivationssysteme und Motivationen. Denn Gefühle bilden die Grundlage von Motivationen. Außerdem setzen Motivationen Bedürftigkeit voraus, doch ist Gott in keiner Weise bedürftig.

(5) Motivationen des menschlichen Geistes stellen ihrerseits eine Bedingung für die Generierung von Willen, Wünschen und Absichten, die unter anderem Repräsentationen sind, dar. Gott kann daher weder Wünsche oder Absichten noch einen Willen haben.

Der semantische religiöse Agnostizismus weist ferner auf zwei weitere Punkte hin:

1. Gott wird normalerweise als perfekt vernünftig und rational verstanden. Doch rationale und logische Beziehungen von Gedanken beruhen, wie bereits angemerkt wurde, wesentlich auf ihren semantischen Gehalten und deren Netzwerken, also auf ihrer Repräsentationalität. Gott kann jedoch nach Auffassung des religiösen Agnostizismus keine reprä-

sentationalen Gedanken haben. Doch würden in diesem Falle auch keine rationalen oder logischen Verknüpfungen zwischen den Inhalten des göttlichen Geistes bestehen. Und daher kann Gott weder logisch korrekt noch rational denken. Daraus folgt nicht, dass Gott logisch inkorrekt oder irrational denkt. Dies zu behaupten wäre ebenfalls falsch. Vielmehr ist es ein Kategorienfehler, Gott in Begriffen von Vernunft und Rationalität zu denken.

2. Der menschliche Geist ist auf vielfältige Weise mit dem menschlichen Körper verbunden. Er ist nicht nur in eine evolutionäre Entwicklung eingebunden, die materielle Komponenten enthält, und ist auch keine freistehende Substanz, sondern bestenfalls ein Ensemble aus mentalen Eigenschaften, oder sogar vielleicht nur eine angemessene Beschreibungsmöglichkeit aktiv feuernder Neuronen des Gehirns. Wir haben keinerlei epistemologischen Zugriff auf das Modell eines freistehenden immateriellen Geistes, wie es im elementaren Gottesbegriff fixiert wird. Diese Diagnose wird maßgeblich durch neurowissenschaftliche Daten gestützt.

Schließlich macht der semantische religiöse Agnostizismus in Bezug auf die Denkfähigkeit Gottes geltend:

9.104 *Gott und Denken*

(1) Denken (9.10) generiert Repräsentationen und ist daher fehleranfällig.
(2) Als perfektes Wesen verfügt Gott nicht über Repräsentationen und könnte nur fehlerfrei denken.
(3) Eine nicht-repräsentationale fehlerfreie Aktivität ist jedoch kein Denken.
(4) Gott kann daher nicht denken und ist kein Denker.

9.105 *Kritik an 9.104*

Gott erschafft mit seinem Denken allererst die gegenständliche Welt, die dann Gegenstand seines semantisch gehaltvollen Denkens werden kann. Es ist nicht nur so, dass Gott dann und nur dann denkt, dass p der Fall ist, wenn p in der Welt der Fall ist, sondern ein Sachverhalt p ist auch genau dann der Fall, wenn Gott denkt, dass p der Fall ist. Dieses Denken schließt keinerlei Korrektheitsbedingungen ein.

Die Kritik 9.105 provoziert allerdings aus Sicht des semantischen religiösen Agnostizismus die Schwierigkeit, dass ein Denken ohne Korrektheitsbedingungen keinen semantischen Gehalt hätte und somit definitionsgemäß kein Denken wäre (9.10). Wir können und wir dürfen dem semantischen religiösen Agnostizismus zufolge nicht den Begriff des menschlichen Geistes nehmen, ihn radikal optimieren und in dieser Form auf Gott übertragen. Sicherlich kann man sich gewisse menschliche Fertigkeiten wie etwa die Fähigkeit, Klavier zu spielen oder Brücken zu bauen, als optimiert vorstellen. Doch im Falle des Geistes führt eine radikale Optimierung, wie wir gesehen haben, dazu, dass grundlegende Merkmale des Mentalen verlorengehen. Wenn Gott ein radikal optimierter, idealisierter menschlicher Geist wäre, dann könnte er weder Funktionalität noch Repräsentationalität noch Bewusstsein noch Emotionalität noch Motivation noch Freiheit aufweisen. Und er wäre kein Geist mehr. Die allgemeine Form dieser Argumentation sieht wie folgt aus:

9.106 *Allgemeine Form der Argumentation des semantischen religiösen Agnostizismus*

(1) Eigenschaft E des Geistes wird in der modernen Philosophie des Geistes durch die grundlegenden Merkmale M definiert.
(2) Aus (1) folgt: Wenn ein Ding D die Merkmale M nicht besitzt, so besitzt D auch nicht die Eigenschaft E.
(3) Gott hat einen Geist oder ist ein Geist (theologische Hypothese).
(4) Aus (1) und (2) folgt, dass Gott die Merkmale M besitzt.
(5) Aus der Philosophie des Geistes folgt, dass die maximale Optimierung von E zur Eigenschaft E* dazu führt, dass Merkmale M nicht mehr zutreffen.
(6) Gott besitzt die Eigenschaft E in der maximal optimierten Form E*.
(7) Aus (5) und (6) folgt, dass Gott die Merkmale M nicht besitzt.
(8) Aus (4) und (7) folgt, dass Gott die Merkmale M zugleich besitzt und nicht besitzt.
(9) Aus (8) folgt, dass der Begriff »Gott« logisch widersprüchlich ist.
(10) Aus (1)–(9) folgt, dass die Idealisierung menschlicher Eigenschaften in der Theologie (9.100) unzulässig ist.

Die formale Logik beweist, dass aus einem logisch widersprüchlichen Satz der Form *p und nicht-p* für einen bestimmten Satz *p* ein beliebiger Satz *q* logisch folgt. Das bedeutet, dass unabhängig davon, ob *p* und *q* wahr oder falsch sind, es unmöglich ist, dass die Prämisse des Schlusses *p und nicht-p* → *q* wahr und zugleich seine Konklusion falsch werden:

9.107 *Beweis der These, dass dann, wenn ein Satz logisch widersprüchlich ist, er keinen spezifischen semantischen Gehalt hat.*

(1) Ein Satz der Form »p und nicht-p« (für beliebige Sätze »p«) ist ein logischer Widerspruch.

(2) Ein Satz der Form »r und s« ist nur dann wahr, wenn sowohl »r« als auch »s« wahr sind. Wenn mindestens einer dieser beiden Sätze falsch ist, so ist auch »r und s« falsch. Übertragen auf den Satz »p und nicht-p« bedeutet das: Falls »p« wahr ist, so ist »nicht-p« falsch, und falls »nicht-p« wahr ist, so ist »p« falsch. In jedem Fall ist einer der beiden Sätze aus »p und nicht-p« falsch, und somit kann »p und nicht-p« niemals wahr werden. Daraus folgt, dass es nicht geschehen kann, dass die Prämisse des Schlusses *p und nicht-p* → *q* wahr und zugleich seine Konklusion falsch werden, und zwar für jeden beliebigen Satz q. Aus der Prämisse »p und nicht-p« folgt mithin jeder beliebige Satz. Wenn aber aus einem Satz S jeder beliebige Satz folgt, dann lässt sich der semantische Gehalt von S nicht spezifizieren.

(3) Dies gilt auch für Begriffe. Wenn »B« ein Begriff ist, der einen widersprüchlichen semantischen Gehalt hat, dann folgt aus diesem semantischen Gehalt Beliebiges. Doch wenn aus einem semantischen Gehalt Beliebiges folgt, dann folgt aus ihm nichts Spezifisches. Dieser semantische Gehalt ist folglich leer, und der Begriff »B« besagt nichts.

Wenn wir also einen widersprüchlichen Begriff verwenden, sagen wir buchstäblich nichts. Wir wissen nicht, über was wir eigentlich reden. Der semantische religiöse Agnostizismus glaubt der Meinung, nachweisen zu können, dass der elementare Gottesbegriff genau in diesem Sinn nichts besagt.

In der modernen Metaphysik wird von vielen angenommen, dass ein Begriff, der einen widersprüchlichen semantischen Gehalt hat, auf nichts im Universum verweist. Runde Quadrate, ein rotes Grün, ein lautes Flüstern, ein extrem leiser weithin schallender spitzer Angstschrei existieren nicht. Und daher kann man mit guten Gründen annehmen, dass Gott im Sinne des elementaren Gottesbegriffs nicht existiert, sollte dieser Begriff tatsächlich einen widersprüchlichen semantischen Gehalt haben. Der semantische religiöse Agnostizismus scheint also eine spezielle Form des Atheismus zu sein. Doch ist diese Folgerung ihrerseits ungenau, und zwar im Wesentlichen aus zwei Gründen:

1. Es scheint klar zu sein, dass der Atheismus logisch aus dem semantischen religiösen Agnostizismus folgt. Eine Person, die eine semantische religiöse Agnostizistin ist, muss auch eine Atheistin sein. Doch gilt das Umgekehrte nicht. Daher ist der semantische religiöse Agnostizismus nicht einfach eine Art von Atheismus, sondern macht eine der Möglichkeiten aus, zu begründen, dass Gott im Sinne des elementaren Gottesbegriffs nicht existiert.
2. Der Atheismus befindet sich aus Sicht des semantischen religiösen Agnostizismus in einem theoretischen Dilemma. Denn wenn die Atheistin zu beweisen versucht, dass Gott etwa im Sinne des elementaren Gottesbegriffs nicht existiert, muss sie wissen, über was sie redet. Jedes atheistische Argument, das begründen will, dass Gott nicht existiert, muss mithin zumindest einen logisch konsistenten Gottesbegriff verwenden. Die Atheisten können sich daher unter der Voraussetzung, dass der religiöse Agnostizismus korrekt ist, nicht auf den elementaren Gottesbegriff und somit auch

nicht auf den Gottesbegriff der abrahamitischen Religionen beziehen. Und dieser Befund schränkt die Reichweite des Atheismus erheblich ein.

9.108 *Semantischer religiöser Agnostizismus und Atheismus*

Aus 9.92–9.107 folgt:

(1) Der semantische religiöse Agnostizismus im Sinne von (9.92 (2)) lässt sich durch Einsichten aus der modernen Mathematik und Philosophie des Geistes untermauern.

(2) Der elementare Gottesbegriff (9.92) ist semantisch widersprüchlich, weil

  (a) Gott nach (9.92) die Eigenschaften einer maximalen Größe und eines perfekten Geistes aufweist, und

  (b) die Ideen einer maximalen Größe und eines perfekten Geistes widersprüchlich und sinnlos sind, also keinen spezifischen semantischen Gehalt aufweisen und sich daher auf nichts beziehen.

(3) Der Atheismus muss sich auf einen konsistenten Gottesbegriff beziehen und kann daher nicht beweisen, dass Gott im elementaren Sinn nicht existiert.

(4) Semantischer religiöser Agnostizismus und Atheismus

  (a) Wenn »B« ein widersprüchlicher Begriff ohne spezifizierten semantischen Gehalt ist, dann existiert B nicht.

  (b) Nach (2) ist der Begriff »Gott im elementaren Sinn« widersprüchlich und weist keinen spezifizierten semantischen Gehalt auf.

  (c) Folglich existiert Gott (im elementaren Sinn) nicht.

  (d) Nach (a)–(c) folgt: Der lokale Atheismus, der auf dem elementaren Gottesbegriff beruht, folgt logisch aus dem semantischen religiösen Agnostizismus, doch gilt der umgekehrte Fall nicht.

(e) Aus (d) folgt: Der semantische religiöse Agnostizismus stellt nicht eine Spielart des lokalen Atheismus, der auf dem elementaren Gottesbegriff beruht, sondern eine gute Begründung für diesen Atheismus dar.

9.109 *Kritik am semantischen religiösen Agnostizismus*

(1) Die maximale Größe Gottes im rein quantitativen Sinn mag im Rahmen der modernen Mathematik eine problematische Idee sein, stellt nach herkömmlicher Auffassung aber nur einen kleinen Teil seiner maximalen Größe dar. Gottes maximale Größe umfasst auch seine Perfektion auf verschiedenen anderen Gebieten, die sich mit mathematischen Mitteln allein nicht kritisieren lassen.

(2) Der perfekte Geist Gottes mag im Rahmen der modernen Philosophie des Geistes eine problematische Idee sein, doch wäre es durchaus möglich und nicht widersprüchlich, anzunehmen, dass die Wahrscheinlichkeit, dass Gott falsch denkt oder eine Bewertung benötigt, extrem gering (sehr nahe an 0) ist. Gott als extrem guter Denker mit einer Wahrscheinlichkeit extrem nahe an 1 würde eine konsistente Konzeption sein.

Ausblick: Religiosität und die Grenzen der Vernunft

Verborgene Transzendenz

Die Psychologie hat nachgewiesen, dass bei den meisten Menschen gelegentlich religiöse Emotionen auftreten, die mehrere Komponenten enthalten. Zu nennen sind:

- ein Gefühl der Erhabenheit und Ruhe, frei von körperlicher Erregung,
- Ehrfurcht und zugleich Demut vor etwas Überwältigendem, Größerem als das Selbst, das nicht in vorhandene Denkstrukturen passt sowie
- ein Streben nach Überwindung der kleinlichen egoistischen Ziele, der persönlichen Habgier, der Unterwerfung unter äußerliche Konventionen, verbunden mit einer Sehnsucht nach körperlicher und seelischer Reinheit.

Derartige spirituelle Emotionen werden in vielen Kulturen mit Reinlichkeitsritualen und auf biologischer Ebene mit spezifischen neurophysiologischen Phänomenen verbunden, wie etwa mit körperlichen Veränderungen und Empfindungen in Gestalt eines Weitens der Brust oder erhöhter Milchbildung bei stillenden Müttern, der Ausschüttung bestimmter Hormone (etwa des »Glückshormons« Oxytocin) oder der Aktivierung des Vagusnervs, also des Hauptnervs des autonomen Nervensystems, der dafür sorgt, dass Erregung beruhigt und ausgeglichen wird. Religiöse Emotionen können physiologisch durch Drogen auf Basis von Phenetylaminen hervorgerufen werden. Doch gewöhnlich treten sie infolge von Gedanken an eine transzendente Gottheit, aber auch angesichts einer guten

Tat, der Schönheit der Natur, großer Kunst, einer inspirierenden Rede oder einer auf Übung, Disziplin und Begabung beruhenden Handlung auf.

Religiöse Emotionen weisen also auf eine Art von Religiosität hin, die in allen bekannten Kulturen auftritt und sowohl von Theisten als auch von Atheisten als auch von religiösen Agnostikern ernst genommen werden kann und ernst genommen werden sollte. Diese Religiosität scheint sich auf eine Transzendenz zu beziehen, die sich zwar einer näheren, von allen Seiten anerkannten Bestimmung hartnäckig entzieht und insofern verborgen bleibt, die aber in all ihrer Unbestimmtheit gleichwohl vorhanden zu sein scheint und daher auch religiöse Gefühle auslöst.

Kant hat dieser Religiosität mit seiner berühmten Formel »der gestirnte Himmel über mir und das moralische Gesetz in mir« einen prägnanten Ausdruck verliehen. Die letzten Geheimnisse und Kräfte, die das Universum lenken, und der Weg von einer rein physischen Welt zu Wesen, die sich ein moralisches Gesetz geben, werden wir niemals ergründen können, so wollte Kant vermutlich andeuten.

Die kantische Religiosität wird in einem neueren Buch von Frank Jackson, der die moderne Philosophie des Geistes nachhaltig geprägt hat, als »kantischer Physikalismus« bezeichnet: Die intrinsische Natur unserer Welt ist unserer Erkenntnis prinzipiell entzogen, ist also für uns eine absolute und zugleich verborgene Transzendenz. Alles was wir wissen, sind die Dinge, die uns die Wissenschaften erläutern, und diese Dinge supervenieren über der Transzendenz. Das heißt, jede – für uns unerkennbare – Veränderung der Transzendenz macht sich in den wissenschaftlich erzählten Dingen geltend, doch gilt das Umgekehrte nicht. Kant hat diese Transzendenz als »Dinge an sich« bezeichnet und ist dafür heftig, aber zu Unrecht kritisiert worden. Die prinzipielle Beschränkung unseres Erkenntnisvermögens, auf der die Rede von den transzendenten Dingen an sich beruht, ist erstmals von Kant in aller Deutlichkeit herausgestellt und begründet worden. Zwei der modernen Theorien, die Kants Einsicht untermauern, seien hier kurz erwähnt.

9.110 *Quantenmechanik und verborgene Transzendenz*

Nach allgemeiner Ansicht führt uns die Quantenmechanik als eine der erfolgreichsten Theorien der modernen Physik an die Grenzen unseres Erkenntnisvermögens, wie sich an den wichtigsten Grundsätzen dieser Theorie ablesen lässt.

(1) Die Natur ist nicht stetig, sondern quantisiert (siehe 9.86.1).
(2) Die elementarsten Bausteine der Natur weisen keine Individualität auf.

Vier Eigenschaften (die in sog. Quantenzahlen beschrieben werden) kennzeichnen die Elektronen:

1. Energiezustand,
2. Bahndrehimpuls,
3. Orientierung gegenüber einem äußeren Feld sowie
4. Spin (Eigenrotation).

Innerhalb jeweils einzelner Atome und Moleküle kommen nur verschiedene Elektronen vor, die sich entsprechend dem Pauli-Prinzip in zumindest einer Quantenzahl voneinander unterscheiden. Elektronen mit denselben Quantenzahlen, die in verschiedenen Atomen vorkommen, sind voneinander völlig ununterscheidbar.

(3) Die Konturen von Quantenobjekten sind aufgrund der Heisenberg'schen Unschärferelation verschmiert (siehe

9.86.1). Das wiederum bedeutet, dass sich Zustände und Prozesse, die in der Makrowelt zeitlich aufeinander folgen und eine eindeutige kausale Richtung aufweisen, in der Quantenwelt überlagern können. Kausale Verhältnisse, wie sie in der Makrowelt vorherrschen, brechen in der Quantenwelt zusammen.

(4) Raum und gerichtete Zeit verlieren ihre Funktion als grundlegendste physikalische Parameter: Viele quantenmechanische Vorgänge sind nicht raumzeitlich deutbar. Die quantenmechanischen Grundgleichungen weisen keinen gerichteten Zeit-Parameter auf. Raum und Zeit sind lediglich abgeleitete Kategorien.

(5) Die Quantenwelt ist nicht-lokal und holistisch organisiert: Nach einer Interaktion zweier Quantenobjekte A und B legen Messungen an A die messbaren Eigenschaften von B (auch über große Entfernungen) fest. Das bedeutet, dass Quantenobjekte nach Abschluss einer Interaktion nicht voneinander getrennt werden können.

(6) Einschränkung von Objektivismus und Realismus: Quantenobjekte wie etwa Photonen vereinigen den Wellenaspekt und den Teilchenaspekt – es gibt unabhängig von Beobachtung und Experiment eine Superposition (= Überlagerung) beider Aspekte. Der Begriff der Superposition bezieht sich allerdings eigentlich auf die Überlagerung möglicher Zustände im Sinne von möglichen Messwerten. Die Vorstellung, dass Wellen- und Teilcheneigenschaften vor der Messung einander ›überlagern‹, liefert eher ein anschauliches Bild, das man zum besseren eigenen Verständnis heranziehen kann, das als solches aber keiner mathematischen Beschreibung zugänglich ist. Erst der Eingriff des Beobachters

und Experimentators in die Quantenwelt scheint den Quantenobjekten definitive Eigenschaften zuzuordnen, sie eigentlich erst zu erzeugen. Das Bemerkenswerte an der Quantenmechanik aus Sicht der rationalen Theologie besteht darin, dass diese Theorie mathematische Beschreibungen einer Welt liefert, aber gerade dadurch umso mehr Rätsel aufwirft. Jedes Mal, wenn wir einen Zipfel der Transzendenz zu fassen meinen, scheint sie sich uns umso mehr zu entziehen.

Wir können diese Situation auch anhand der kognitiv-psychologischen Wahrnehmungstheorie beschreiben, die sich in einigen Thesen zusammenfassen lässt:

9.111 *Kognitiv-psychologische Wahrnehmungstheorie und verborgene Transzendenz*

(1) Wahrnehmungen sind, wie oben bereits angemerkt (S. 29), in einen Wahrnehmungs-, Evaluations-, Bewegungskreislauf eingebunden. Sie werden in Form von schnellen Algorithmen erzeugt und verarbeitet.

(2) Die Daten, die prozessiert werden, sind uns nicht im Sinne unverfälschter Stimuli direkt gegeben; vielmehr handelt es sich bei ihnen um Formen kausaler Interaktionen zwischen externen Objekten und wahrnehmenden Systemen, die selbst objektiven Status haben, obwohl sie trivialerweise unabhängig von wahrnehmenden Systemen nicht in der Welt wären.

(3) Die externe Welt besteht aus strukturierten Elementen (Zuständen, Ereignissen und Objekten) mit spezifischen Merkmalen.

(4) Aufgrund ihrer spezifischen Merkmale senden diese

Elemente bestimmte distale Stimuli aus, etwa Photonen oder Schallwellen, deren spezifische Merkmale (etwa Wellen-Frequenzen) gewisse Merkmale ihrer Quelle abbilden.

(5) Die Wahrnehmungssysteme von Tieren und Menschen haben Rezeptorzellen entwickelt, die auf spezifische Merkmale der distalen (d. h. vom Effekt weiter entfernten) Stimuli und deren Kombinationen spezialisiert sind. Diese Zellen wandeln die distalen Stimuli in bioelektrische Energie (also in proximale, d. h. dem Effekt näher liegende, Stimuli) um.

(6) Die bioelektrische Energie der proximalen Stimuli bildet die Merkmale der distalen Stimuli in Gestalt von Aktivitätspotentialen von Neuronen im Gehirn ab.

(7) Dabei werden die proximalen Stimuli nicht nur einer Merkmalsanalyse durch Mustererkennung unterzogen, sondern auch nach bestimmten Gruppierungsregeln und anderen Prinzipien zu perzeptiven Objekten zusammengesetzt.

(8) Die Merkmale der proximalen Stimuli werden in perzeptive Repräsentationen verwandelt, die den semantischen Gehalt der entsprechenden Wahrnehmungen spezifizieren.

(9) Perzeptive Repräsentationen können fehlschlagen, also Sinnestäuschungen sein. Die Sinnestäuschungen werden von denselben Wahrnehmungsmechanismen wie die zuverlässigen Wahrnehmungen erzeugt.

(10) Nicht-sprachliche Wahrnehmungen unterliegen demnach Korrektheitsbedingungen und haben semantische Gehalte, sind also mentale Zustände.

Wenn wir über Wahrnehmungen reden wollen, müssen wir entsprechend (1) und (2) von einer Interaktion zwischen der externen Welt und den Wahrnehmungsapparaten ausgehen. Weder die Wahrnehmungen selbst noch die einlaufenden distalen Stimuli sind uns direkt gegeben, sondern haben einen subjektiven Status, wären also ohne uns nicht da (vgl. (2)). Diese Diagnose wird durch die vielen zusätzlichen Verarbeitungsprozesse (4)–(9) untermauert.

Dennoch machen wir Menschen und alle Tiere die durchgehende Erfahrung von der Widerständigkeit der externen Welt gegenüber unseren Handlungen und Verhaltensweisen. Daher müssen wir eine externe Welt voraussetzen, wie dies in (3) artikuliert wird. Doch diese Welt liegt jenseits aller unserer Zugänge zur Welt, gleichsam hinter dem undurchsichtigen Schleier all unserer Theorien, Sprachen und Wahrnehmungen. Diese Welt muss irgendwie strukturiert sein, doch mehr als ihre blanke Existenz und generelle Strukturiertheit können wir prinzipiell nicht von ihr erkennen. Mit Annahme (3) geraten wir offensichtlich an die Grenzen unseres Denkens, an denen wir eine transzendente Welt in Augenschein nehmen müssen, die uns gleichwohl für immer verschlossen bleiben muss. Dasselbe gilt auch für Spekulationen darüber, woher diese transzendente Welt kommen mag.

Ehrfurcht und Demut angesichts dieser transzendenten Welt stellen Formen der Religiosität unabhängig davon dar, ob die transzendente Welt nun als göttlich oder einfach als unbekannt (abgesehen von 9.111 (3)) verstanden wird. Diese Form der Religiosität kann die wissenschaftliche Prüfung religiöser Tatsachenaussagen problemlos zulassen. Vor allem aber legt sie unseren Blick auf eine Transzendenz frei, in der wir große und prinzipiell unerkennbare Strukturen und Kräfte vermuten dürfen. Anders ausgedrückt: Religiosität stellt in diesem Sinne eine mehr als gerechtfertigte Haltung dar, die nicht nur mit dem Theismus, sondern auch mit dem Atheismus und dem religiösen Agnostizismus vereinbar und, wie Ronald Dworkin (1931–2013) im Angesicht seines baldigen Todes prägnant formuliert hat, »tiefer ist als Gott«.

Religion und Politik

Es ist seit einiger Zeit üblich, die religiöse Glaubensgewissheit von ›gewöhnlichen‹ Meinungen und begründetem Wissen zu unterscheiden. Oft wird betont, dass der religiöse Glaube zugleich lediglich subjektiv und doch absolut gewiss ist.

Es mag durchaus der Fall sein, dass viele Gläubige ihren eigenen Glauben so empfinden, aber diese Empfindung ist inkonsistent und sollte daher überwunden werden. Denn genauer betrachtet schließt diese Einstellung einen religiösen Fideismus ein. Außerdem scheint sie fälschlicherweise zu unterstellen, dass Meinungen, Hoffnungen und Ängste, die sich auf das womöglich höchste und zugleich geheimnisvollste Wesen richten, allein aufgrund dieses besonderen Gegenstandes einen epistemologischen Sonderstatus aufweisen und daher ganz besonders ernst genommen werden müssen – bis hin zu Verboten, religiöse Überzeugungen zu kritisieren. Die abrahamitischen Religionen haben in ihrer Geschichte und Gegenwart die Übertretung dieses Verbotes auf das Härteste bestraft. Besonders bedenkenswert ist allerdings die vielfach bezeugte und durch empirische Studien untermauerte Wahrnehmung, dass der religiöse Glaube unser Wohlbefinden in vielerlei Hinsicht befördert. Wenn dieser Befund jedoch bewusst oder unbewusst dazu führt, diesen Glauben auch für wahr zu halten, dann liegt ein problematisches Wunschdenken vor, und es droht die Gefahr, in Aggressivität gegenüber Nichtgläubigen zu verfallen.

Die rationale Theologie als Teildisziplin der Philosophie bestreitet mit allem Nachdruck, dass zwischen religiösen und nicht-religiösen Meinungen irgendein erkenntnistheoretischer Unterschied besteht. Sie besteht darauf, dass religiöse Meinungen, zumindest insofern sie zu Handlungen führen, die in das gesellschaftliche Leben eingreifen, genauso sorgfältig und detailliert wie nicht-religiöse Meinungen, auf die wir unsere Handlungen gründen, geprüft werden müssen. Mehr noch: Weil religiöse Meinungen sich auf das höchste und geheimnisvollste Wesen richten, von dem wir noch nicht einmal sicher wissen, ob es überhaupt existiert, müssen diese Meinungen erkenntnistheoretisch gesehen als besonders prekär und unsicher gelten. Die rationale Theorie ist dieser Forderung, wie in diesem Grundkurs-Band nachgewiesen wurde, sowohl in ihrer traditionellen als auch gegenwärtigen Version durchaus nachgekommen.

Allerdings hat es bisher trotz großer Anstrengungen keine Einigung darüber gegeben, dass ein übermächtiges transzendentes Wesen existiert und welche Eigenschaften diesem göttlichen Wesen zukommen. Die intensiv und subtil geführten Debatten haben im Gegenteil vor allem in der modernen rationalen Theologie zu einer bunten Vielzahl verschiedener Vorschläge und Modelle auch jeweils innerhalb der drei großen Lager des Theismus, Atheismus und religiösen Agnostizismus geführt. Wie wir gesehen haben, gibt es so gut wie kein wichtiges theologisches Thema, das in der gegenwärtigen rationalen Theologie nicht kontrovers diskutiert würde. In dieser Debatte werden viele verschiedene Gottesbegriffe, Gottesbeweise und religiöse Positionen auf zum Teil subtile und bisher ergebnisoffene Weise erörtert, begründet und auch kritisiert.

Daraus folgt, dass es kaum gerechtfertigt ist, Personen allein aufgrund ihrer religiösen Überzeugungen und Ämter einen besonderen Status einzuräumen. Die traditionelle und gegenwärtige rationale Theologie spricht eindeutig für eine konsequente Säkularisierung politischer Gemeinschaften. Religionen sollten keinerlei offiziellen und organisierten politischen oder schulischen Einfluss haben. Eine solche Säkularisierung muss selbstverständlich mit einer konsequenten Toleranz gegenüber religiösen Überzeugungen und Praktiken aller Art einhergehen.

Übungsaufgaben

Die folgenden Übungsaufgaben beziehen sich direkt oder indirekt auf einige der nummerierten Zusammenfassungen im vorstehenden Text. Wer diesen Text einmal durchgelesen hat, wird angesichts der Fülle der Zusammenfassungen nicht in der Lage sein, die Aufgaben angemessen zu beantworten. Es macht dennoch Sinn, die Aufgaben

(i) in einem ersten Schritt nach Gefühl zu bearbeiten, dann
(ii) in einem zweiten Schritt in die entsprechende Zusammenfassung zu schauen (ggf. mit Hilfe des Index) und danach
(iii) die Bearbeitung der Übungsaufgabe in eigenen Worten neu zu formulieren.

Das Verfahren (i)–(iii) kann beliebig oft wiederholt werden. Auf diese Weise wird die Internalisierung der verschiedenen theoretischen Positionen gefördert. Selbst wenn einige der Übungsaufgaben zunächst auch mit einem einfachen Ja oder Nein beantwortet werden können, sollten diese Antworten näher begründet werden.

(1) Warum sind Fideismus und rationale Theologie miteinander unvereinbar?
(2) In welchem Verhältnis stehen der Wissenschaftskompatibilismus und der erkenntnistheoretische Minimalismus der rationalen Theologie zueinander?
(3) Welches Problem könnte der erkenntnistheoretische Minimalismus im Blick auf Gott aufwerfen?
(4) Verfassen Sie einen ca. zweiseitigen Dialog zwischen einer Vertreterin des klassischen Theismus und einem Vertreter des offenen Theismus.

(5) Vergleichen Sie die Schöpfungsmythen, den abstrakten Theismus und die physikalische Schöpfungsgeschichte miteinander.
(6) Schlagen Sie in einem beliebigen Philosophie-Lexikon unter *Spinoza* nach und exzerpieren Sie Spinozas Version des Pantheismus.
(7) Wie unterscheiden sich Pantheismus und Panentheismus?
(8) Vergleichen Sie die christliche (9.16.1) und die islamische Version des All-Gottes (9.16.2) miteinander.
(9) Schlagen Sie in einem beliebigen Philosophie-Lexikon nach und prüfen Sie, ob es verschiedene Versionen des Deismus gab.
(10) Informieren Sie sich genauer über den Hinduismus und notieren Sie, welche zusätzlichen Informationen Sie gefunden haben.
(11) Welchen der drei klassischen Gottesbeweise finden Sie am überzeugendsten und welchen am wenigsten überzeugend – und warum?
(12) Lesen und exzerpieren Sie den Text Aristoteles, *Physik* Buch VIII Kap. 10.
(13) Wie unterscheiden sich der originale Gottesbeweis von Anselm (9.36.1) und seine moderne Rekonstruktion (9.36.2) voneinander?
(14) Was zeichnet die modalen ontologischen Gottesbeweise (9.38) aus?
(15) Auf welche Weise kritisiert Hume den kosmologischen Gottesbeweis von Leibniz?
(16) Was besagt das Feinabstimmungsargument im Rahmen des teleologischen Gottesbeweises?
(17) Was versteht man unter dem Problem der Theodizee? Beschreiben Sie den Lösungsvorschlag für dieses Problem, der Ihnen am besten gefällt.

(18) Recherchieren Sie über den Begriff des Weltgeistes bei Hegel und fügen Sie der Zusammenfassung 9.61 gegebenenfalls Informationen hinzu.
(19) Lesen Sie in der hervorragenden, online kostenlos zugänglichen Stanford Encyclopedia of Philosophy den Artikel *Naturalism* (Papineau, David, »Naturalism«, *The Stanford Encyclopedia of Philosophy* (Summer 2021 Edition), Edward N. Zalta (ed.), https://plato.stanford.edu/archives/sum2021/entries/naturalism/) und wenden Sie Ihre Information auf die Kritik von Tetens am Naturalismus zur Verteidigung einer rationalen Hoffnung auf Gott an.
(20) Welche theistischen Positionen postulieren einen Gott, der keine Person ist?
(21) Was besagt
 (a) der globale positive Atheismus,
 (b) der lokale positive Atheismus,
 (c) der globale negative Atheismus,
 (d) der lokale negative Atheismus?
(22) Inwiefern stellt die theistische All-Gott-Hypothese eine Form des Ursprungsidealismus dar?
(23) Warum ist der ästhetische Deismus eine Komponente eines Arguments für den positiven Atheismus?
(24) Wodurch unterscheiden sich die Begründungen des Atheismus voneinander, den die neuen Atheisten Dawkins und Dennett präsentiert haben?
(25) Skizzieren Sie grob, warum das Phänomen der Quantenfluktuation für eine mögliche physikalische Erklärung unseres Universums eine bedeutende Rolle spielen könnte.
(26) Inwiefern könnte die physikalische Schöpfungsgeschichte, falls sie zutrifft, das Feinabstimmungsargument entkräften – und inwiefern nicht?
(27) Worin besteht die grundlegende Idee des semantischen religiösen Agnostizismus?

(28) Warum kann dem semantischen religiösen Agnostizismus zufolge der All-Gott der abrahamitischen Religionen weder einen Geist haben noch ein Denker sein?
(29) Kann Gott dem semantischen religiösen Agnostizismus zufolge Gefühle haben?
(30) Skizzieren Sie im Umriss eine Religiosität, die nicht notwendigerweise einen Bezug auf einen Gott einschließt.
(31) Wie kann eine Religiosität ohne Gott durch nicht-religiöse Prämissen begründet werden?
(32) Formulieren Sie Ihre eigene Auffassung in Bezug auf eine Forderung einer konsequenten Säkularisierung aller politischen Gemeinschaften.

Literaturhinweise

Allgemeine Einführungen

Gäb, Sebastian: Religionsphilosophie. Baden-Baden 2022.
Grätzel, Stephan: Religionsphilosophie. Lehrbuch Philosophie. Stuttgart/Weimar 1999.
Hoerster, Norbert: Die Frage nach Gott. München 2005.
Kühnlein, Michael: Religionsphilosophie und Religionskritik. Ein Handbuch. Frankfurt a. M. 2018.
Löffler, Winfried: Einführung in die Religionsphilosophie. Darmstadt 2019.
Schaeffler, Richard: Religionsphilosophie. Baden-Baden 2010.
Schulz, Heiko / Wenzel, Knut / Wiese, Christian (Hrsg.): Handbuch Religionsphilosophie. Stuttgart/Weimar 2023.
Taliaferro, Charles: Philosophy of Religion. The Stanford Encyclopedia of Philosophy. Winter 2021 Edition. Hrsg. von Edward N. Zalta. https://plato.stanford.edu/archives/win2021/entries/philosophy-religion/.
Wendel, Saskia: Religionsphilosophie. Stuttgart 2010.
– / Breul, Martin: Vernünftig glauben – begründet hoffen. Praktische Metaphysik als Denkform rationaler Theologie. Freiburg 2020.
Wirtz, Markus: Religionsphilosophie. Eine Einführung. Stuttgart/Weimar 2022.

Einleitung

Amesbury, Richard: Fideism. The Stanford Encyclopedia of Philosophy. Fall 2017 Edition. Hrsg. von Edward N. Zalta. https://plato.stanford.edu/archives/fall2017/entries/fideism/.
Chignell, Andrew / Pereboom, Derk: Natural Theology and Natural Religion. The Stanford Encyclopedia of Philosophy. Fall 2020 Edition. Hrsg. von Edward N. Zalta. https://plato.stanford.edu/archives/fall2020/entries/natural-theology/.
Craig, William Lane / Moreland, James Porter (Hrsg.): The Blackwell Companion to Natural Theology. Oxford 2009.

Detel, Wolfgang: Grundkurs Philosophie. Bd. 3: Philosophie des Geistes und der Sprache. Stuttgart [3]2013.

Gerhardt, Volker: Glauben und Wissen. Ein notwendiger Zusammenhang. Stuttgart 2016.

Habermas, Jürgen: Auch eine Geschichte der Philosophie. Bd. 1: Die okzidentale Konstellation von Glauben und Wissen. Bd. 2: Vernünftige Freiheit. Spuren des Diskurses über Glauben und Wissen. Frankfurt a. M. 2019.

Kant, Immanuel: Die Religion innerhalb der Grenzen der bloßen Vernunft. Stuttgart 1986.

Kenny, Anthony: Faith and Reason. New York 1983.

Kim, Jaegwon: Philosophy of Mind. London [3]2011. [Dt. Ausg.: Philosophie des Geistes. Berlin 1998.]

Kutschera, Franz von: Rationale Theologie. In: F. von K.: Vernunft und Glaube. Kap. 1. Berlin 1990. S. 1–85.

McKim, Robert: Religious Ambiguity and Religious Diversity. Oxford 2001.

Pitt, David: Mental Representation. The Stanford Encyclopedia of Philosophy. Fall 2022 Edition. Hrsg. von Edward N. Zalta. http://plato.stanford.edu/archives/fall2022/entries/mental-representation/.

Re Manning, Russell (Hrsg.): The Oxford Handbook of Natural Theology. Oxford 2013.

Van Gulick, Robert: Consciousness. The Stanford Encyclopedia of Philosophy. Winter 2022 Edition. Hrsg. von Edward N. Zalta. https://plato.stanford.edu/archives/win2022/entries/consciousness/.

Teil 1 Theismus

1.1 Gottesbegriffe

Aristoteles: Metaphysik Buch XII. In: Aristoteles: Metaphysik. Schriften zur Ersten Philosophie. Übers. und hrsg. von Franz F. Schwarz. Vollst. durchges., überarb. und mit einem Nachw. versehen von Wolfgang Detel. Stuttgart 2023. S. 349–377.

– Physik Buch VIII. Kap. 10. In: Aristoteles: Physikvorlesung. Übers. und komm. von Hans Wagner. Aristoteles: Werke in deutscher Übersetzung. Hrsg. von E. Grumach. Bd. II. Darmstadt 1967. S. 349–377.
Buckareff, Andrei / Nagasawa, Yujin (Hrsg.): Alternative Concepts of God. Essays on the Metaphysics of the Divine. Oxford 2016.
Collins, Robin: The Teleological Argument. An Explanation of the Fine-Tuning of the Universe. In: William Lane Craig / James Porter Moreland (Hrsg.): The Blackwell Companion to Natural Theology. Oxford 2009. S. 202–281.
Craig, William Lane: Pantheists in Spite of Themselves. In: American Theological Inquiry 5 (2012) S. 3–23.
Culp, John: Panentheism. The Stanford Encyclopedia of Philosophy. Winter 2021 Edition. Hrsg. von Edward N. Zalta. https://plato.stanford.edu/archives/win2021/entries/panentheism/.
Diller, Jeanine / Kasher, Asa: Models of God and Alternative Ultimate Realities. Dordrecht 2013.
Grössl, Johannes: Offener Theismus. In: Klaus Viertbauer / Georg Gasser (Hrsg.): Handbuch Analytische Religionsphilosophie. Stuttgart 2019. S. 272–282.
Hermann, Fritz-Gregor: Greek Religion and Philosophy. The God of the Philosopher. In: Daniel Ogden (Hrsg.): A Companion to Greek Religion. Kap. 24. London 2010. S. 385–397.
Kutschera, Franz von: Vernunft und Glaube. Berlin / New York 1990.
Leibniz, Gottfried Wilhelm: Auf Vernunft gegründete Prinzipien der Natur und der Gnade. In: G. W. L.: Monadologie und andere metaphysische Schriften. Frz./Dt. Übers. und hrsg. von U. J. Schneider. Hamburg 2002. S. 152–174.
Long, Anthony A.: Hellenistic Philosophy. Chapter 4: Stoicism. Berkeley / Los Angeles 1986. S. 107–209.
Mander, William: Pantheism. In: The Stanford Encyclopedia of Philosophy. Spring 2022 Edition. Hrsg. von Edward N. Zalta. https://plato.stanford.edu/archives/spr2022/entries/pantheism/.
Nagasawa, Yujin: Maximal God. A New Defence of Perfect Being Theism. Oxford 2017.
Pannenberg, Wolfhart: Wissenschaftstheorie und Theologie. Göttingen 1987.

– Contributions from Systematic Theology. In: Philip Clayton (Hrsg.): The Oxford Handbook of Religion and Science. Oxford 2006. S. 359–371.
Platon: Nomoi (Die Gesetze). Aus dem Griech. übers. von Klaus Schöpsdau. Mit Anm., Literaturhinweisen und Nachw. versehen von Michael Erler. Stuttgart 2011.
Ranganathan, Shyam: Hinduism. A Contemporary Philosophical Investigation (Investigating Philosophy of Religion). London 2018.
Schärtl, Thomas / Tapp, Christian / Wegener, Veronika (Hrsg.): Rethinking the Concept of a Personal God. Classical Theism, Personal Theism, and Alternative Concepts of God. Münster 2016.
Sharma, Arvind: A Hindu Perspective on the Philosophy of Religion. New York 1990.
– Philosophy of Religion and Advaita Vedanta. A Comparative Study in Religion and Reason. University Park (PA) 1995.
Stenmark, Mikael: Competing Conceptions of God. The Personal God Versus the God Beyond Being. In: Religious Studies 51 (2015) H. 2. S. 205–220.
Stöckler, M. (Hrsg.): Der Riese, das Wasser und die Flucht der Galaxien. Geschichten vom Anfang und Ende der Welt. Frankfurt a. M. 1991.
Viney, Donald: Process Theism. In: The Stanford Encyclopedia of Philosophy. Summer 2022 Edition. Hrsg. von Edward N. Zalta. https://plato.stanford.edu/archives/sum2022/entries/process-theism/.
Wainwright, William: Monotheism. In: The Stanford Encyclopedia of Philosophy. Winter 2021 Edition. Hrsg. von Edward N. Zalta. https://plato.stanford.edu/archives/win2021/entries/monotheism/.
– Concepts of God. In: The Stanford Encyclopedia of Philosophy. Spring 2017 Edition. Hrsg. von Edward N. Zalta. https://plato.stanford.edu/archives/spr2017/entries/concepts-god/. Introduction.
Whitehead, Alfred North: Process and Reality. New York 1978.

1.2 *Gottesbeweise*

Almeida, Michael / Oppy, Graham: Sceptical Theism and Evidential Arguments from Evil. In: Australasian Journal of Philosophy 81 (2003) S. 496–516.

Anselm von Canterbury: Proslogion. Hrsg. und übers. von Robert Theis. Stuttgart 2005.

Blumenfeld, David: Leibniz's Modal Proof of the Possibility of God. In: Studia Leibnitiana (1972) H. 2. S. 132–140.

Brower, Jeffrey: Making Sense of Divine Simplicity. In: Faith and Philosophy 25 (2008) S. 3–30.

Chandler, Jake / Harrison, Victoria (Hrsg.): Probability in the Philosophy of Religion. Oxford 2012.

Collins, Robin: The Evidence for Fine-Tuning. In: Neil Manson (Hrsg.): God and Design. The Teleological Argument and Modern Science. London 2003. S. 193–214.

Craig, William Lane: The Cosmological Argument from Plato to Leibniz. New York 1980.

– / Moreland, James Porter: Naturalism. A Critical Analysis. London 2000.

Dombrowski, Daniel: Rethinking the Ontological Argument. Cambridge 2006.

Dougherty, Trent / McBrayer, Justin: Skeptical Theism. New Essays. New York / Oxford 2014.

Gäb, Sebastian: Einfachheit und Wahrscheinlichkeit. Swinburnes c-induktive Argumente für die Existenz Gottes. In: Conceptus 39/95 (2010) S. 85–110.

Gellman, Jerome: Experience of God and the Rationality of Theistic Belief. Ithaca (NY) 1997.

Jacquette, Dale: Conceivability, Intensionality, and the Logic of Anselm's Modal Argument for the Existence of God. In: International Journal for Philosophy of Religion 42 (1997) S. 163–173.

Leibniz, Gottfried Wilhelm: Versuche in der Theodicée über die Güte Gottes, die Freiheit des Menschen und den Ursprung des Übels. Übers. und mit Anm. von A. Buchenau. Hamburg 1996.

Loichinger, Alexander / Kreiner, Armin: Theodizee in den Weltreligionen. Paderborn 2010.

Mackie, John Leslie: The Miracle of Theism. Arguments For and Against the Existence of God. Oxford 1983. [Dt. Ausg.: Das Wunder des Theismus. Argumente für und gegen die Existenz Gottes. Übers. von Rudolf Ginters. Stuttgart 1985.]

Mander, William: Pantheism. In: The Stanford Encyclopedia of Philosophy. Fall 2023 Edition. Hrsg. von Edward N. Zalta. https://plato.stanford.edu/archives/fall2023/entries/pantheism/.

Nelson, John: Modal Logic and the Ontological Proof for God's Existence. In: The Review of Metaphysics 17 (1963) S. 235–242.

O'Connor, Timothy: Theism and Ultimate Explanation. The Necessary Shape of Contingency. Oxford 2008.

Oppy, Graham: Ontological Arguments and Belief in God. Cambridge 1995.

– Naturalism and Religion. A Contemporary Philosophical Investigation (Investigating Philosophy of Religion). London 2018.

Plantinga, Alvin: Reason and Belief in God. In: A. P. / Nicholas Wolterstorf (Hrsg.): Faith and Rationality. Reason and Belief in God. Notre Dame / London 1983. S. 16–93.

– Warranted Christian Belief. New York / Oxford 2000.

– Gott und Notwendigkeit. In: Joachim Bromand / Guido Kreis: Gottesbeweise. Von Anselm bis Gödel. Frankfurt a. M. 2011. S. 453–482.

Ratzsch, Del / Koperski, Jeffrey: Teleological Arguments for God's Existence. In: The Stanford Encyclopedia of Philosophy. Spring 2022 Edition. Hrsg. von Edward N. Zalta. https://plato.stanford.edu/archives/spr2022/entries/teleological-arguments/.

Rowe, William: The Cosmological Argument. Princeton 1971.

Sobel, Jordan Howard: Logic and Theism. Arguments For and Against Beliefs in God. Cambridge 2003.

Swinburne, Richard: Die Existenz Gottes. Stuttgart 1987.

– Revelation. From Metaphor to Analogy. Oxford 1991.

Taliaferro, Charles: Philosophy of Religion. Abschn. 4.2. In: The Stanford Encyclopedia of Philosophy. Winter 2021 Edition. Hrsg. von Edward N. Zalta. https://plato.stanford.edu/archives/win2021/entries/philosophy-religion/.

Tetens, Holm: Gott denken. Ein Versuch über rationale Theologie. Stuttgart 2015.

Thomas von Aquin: Die Gottesbeweise. Text mit Übers., Einl. und Komm. hrsg. von Horst Seidel. Hamburg 1996.

Teil 2 Atheismus und religiöser Agnostizismus

2.1 Atheismus und klassischer Agnostizismus

Amaldi, Ugo: The Physical Vacuum and the Metaphysical Nothing. In: DELPHI-91-7-PHYS-83 (1991).

Beckermann, Ansgar: Glaube. Berlin/Boston 2013.

Bell, Emma / Taylor, Scott: Uncertainty in the Study of Belief. The Risks and Benefits of Methodological Agnosticism. In: International Journal of Social Research Methodology 17 (2014) S. 543–557.

Brown, Callum: The Necessity of Atheism. Making Sense of Secularisation. In: Journal of Religious History 41 (2017) S. 439–456.

Cicero, Marcus Tullius: De natura deorum / Über das Wesen der Götter. Übers. und hrsg. von Ursula Blank-Sangmeister. Stuttgart 1995.

Clark, Kelly James / VanArragon, Raymond (Hrsg.): Evidence and Religious Belief. Oxford 2011.

Clark, Stuart: Das unbekannte Universum. Raum, Zeit und die moderne Kosmologie. Berlin/Heidelberg 2017.

Coleman III, Thomas. J. / Hood, Ralph W. Jr. / Shook, John: An Introduction to Atheism, Secularity, and Science. In: Science, Religion and Culture 2 (2015) S. 1–14.

Craig, William Lane / Smith, Quentin: Theism, Atheism, and Big Bang Cosmology. Oxford 1993.

Dawkins, Richard: The God Delusion. London [u. a.] 2006. [Dt. Ausg.: Der Gotteswahn. Berlin 2011.]

De Cruz, Helen / De Smedt, Johan: Paley's iPod. The Cognitive Basis of the Design Argument Within Natural Theology. In: Zygon 45 (2010) H. 3. S. 665–684.

Dennett, Daniel: Breaking the Spell. Religion as a Natural Phenomenon. New York 2006.

Diller, Jeanine: Global and Local Atheisms. In: International Journal for Philosophy of Religion 79 (2016) H. 1. S. 7–18.

Draper, Paul: Where Skeptical Theism Fails, Skeptical Atheism Prevails. In: Oxford Studies in Philosophy of Religion 7 (2016) S. 63–80.
– Atheism and Agnosticism. In: The Stanford Encyclopedia of Philosophy. Summer 2022 Edition. Hrsg. von Edward N. Zalta, https://plato.stanford.edu/archives/sum2022/entries/atheism-agnosticism/.
Everitt, Nicholas: The Non-Existence of God. London 2004.
Fahr, Hans Jörg: Mit oder ohne Urknall. Das ist hier die Frage. Berlin 2016.
Gutting, Gary: Religious Agnosticism. In: Midwest Studies in Philosophy 37 (2013) S. 51–67.
Hume, David: Dialoge über natürliche Religion. Übers. und hrsg. von Norbert Hoerster. Stuttgart 1981.
Kenny, Anthony: The Unknown God. Agnostic Essay. London 2004.
Le Poidevin, Robin: Agnosticism. A Very Short Introduction. Oxford 2010.
Lesch, Harald / Gaßner, Josef: Urknall, Weltall und das Leben. München 2015.
Martin, Michael: Atheism. A Philosophical Analysis. Philadelphia 1 990.
Morris, Thomas V.: Agnosticism. In: Analysis 45 (1985) H. 4. S. 219–224.
Nagasawa, Michiyasu / Yokoyama, Jun Ichi: Phase Transitions Triggered by Quantum Fluctuations in the Inflationary Universe. In: Nuclear Physics B 370 (1992) H. 2. S. 472–490.
Oppy, Graham: Weak Agnosticism Defended. In: International Journal for Philosophy of Religion 36 (1994) H. 3. S. 147–167.
Schröder, Winfried: Athen und Jerusalem. Die philosophische Kritik am Christentum in Antike und Neuzeit. Stuttgart 2011.
– Atheismus. Fünf Einwände und eine Frage. Hamburg 2021.

2.2 *Semantischer Agnostizismus und Atheismus*

Cantor, Georg: Gesammelte Abhandlungen mathematischen und philosophischen Inhalts. Hrsg. von E. Zermelo. Berlin 1932. [Reprint Hildesheim 1962.]

Detel, Wolfgang: Warum wir nichts über Gott wissen können. Hamburg 2018.
Hill, Daniel: Divinity and Maximal Greatness. London 2005.
Kreis, Guido: Negative Dialektik des Unendlichen. Kant, Hegel, Cantor. Frankfurt a. M. 2015.
– / Schick, Friederike / Sommer, Marc Nicolas / Stekeler-Weithofer, Pirmin: Lässt sich das Unendliche widerspruchsfrei denken? Ein Buchsymposium zu Guido Kreis' Negativer Dialektik des Unendlichen. Kant, Hegel, Cantor. In: Hegel-Studien 51 (2017) S. 163–193.
Lorenzen, Paul: Das Aktual-Unendliche in der Mathematik. In: Philosophia naturalis 4 (1957) S. 3–11.
Neidhart, Ludwig: Unendlichkeit im Schnittpunkt von Mathematik und Theologie. 2 Bde. Göttingen 2008.
Pennycook, Gordon / Ross, Robert / Koehler, Derek / Fugelsang, Jonathan A.: Atheists and Agnostics are More Reflective Than Religious Believers. Four Empirical Studies and a Meta-Analysis. In: Public Library of Science one 11 (2016) H. 1.
Schellenberg, John L.: The Wisdom to Doubt. A Justification of Religious Skepticism. Ithaca (NY) 2007.
Tapp, Christian: Infinity in Mathematics and Theology. In: Theology and Science 9 (2005) H. 1. S. 91–100.
– Absolute Infinity – a Bridge between Mathematics and Theology? In: Neil Tennent (Hrsg.): Foundational Adventures. Essays in the Honour of Harvey M. Friedman. London 2011.
Taschner, R.: Das Unendliche. Mathematiker ringen um einen Begriff. Berlin / New York 1999.

Ausblick: Religiosität und die Grenzen der Vernunft

Cox, James: Religion Without God. Methodological Agnosticism and the Future of Religious Studies (= The Hibbert-Lecture). Edinburgh 2003.
Dworkin, Ronald: Religion Without God. Cambridge (MA) 2013. [Dt. Ausg.: Religion ohne Gott. Frankfurt a. M. 2014.]

Haidt, Jonathan: Die Glückshypothese. Kap. 9. Kirchzarten 2011.
Harrison, Victoria: Religious Pluralism. In: Graham Oppy (Hrsg.): The Routledge Handbook of Contemporary Philosophy of Religion. London / New York. S. 257–269.
Jackson, Frank: From Metaphysics to Ethics. Oxford 1998.
Marr, David: Vision. San Francisco 1982.
McDowell, John: Mind and World. Cambridge (MA) 1994.

Register